CW01664243

ISA GIL

DELICIAS KITCHEN

MACRO
Barcelona • Madrid • Santiago de Chile
Cesena • París • Montreal
www.macroediciones.com

ADVERTENCIA:
El Grupo Macro no dispone de noticias o datos diferentes de los publicados. La información científica, sanitaria, psicológica, dietética y alimentaria que proporcionan nuestros libros no implican responsabilidad alguna de la Editorial acerca de su eficacia y seguridad en caso de uso por parte de los lectores. Cada persona deberá evaluar, con sentido común y sabiduría, su trayecto psicológico, el tratamiento y el régimen más adecuado. Cada persona deberá asumir toda la información necesaria, comparando riesgos y beneficios de las distintas terapias y regímenes disponibles.
El Grupo Macro mantiene y desarrolla su atención por el medio ambiente y lo hace de maneras cada vez más concretas, coherentes y sostenibles. Imprimimos nuestros libros, DVDs, revistas, catálogos y folletos en Italia utilizando papel reciclado y tinta ecológica. Con la compra de nuestros productos estarás contribuyendo a financiar el proyecto de la Fattoria dell'Autosufficenza (www.autosufficenza.it), una isla autosuficiente desde el punto de vista alimentario y energético que tiene como objetivo la sensibilización de instituciones, empresas y comunidades con la finalidad de hacer que la vida sobre nuestro planeta sea cada vez más sostenible. Gracias a su compromiso en la batalla por tener un impacto ambiental cada vez menor, el Grupo Macro está reconocido por Greenpeace como editorial Amiga de los Bosques.
Desde hace más de treinta años el Grupo Macro publica libros sobre el conocimiento y el bienestar de cuerpo, mente y alma: empezamos en Italia en 1987, desde el 2010 también publicamos en francés (para Francia y Canadá) y desde el 2017 en español (para España y Sudamérica). Descubre nuestro catálogo internacional, así como todas las novedades en español, italiano y francés en nuestras webs: • www.macroediciones.com (ES) • www.gruppomacro.com (IT) • www.macroeditions.com (FR)

Para más información sobre la autora y esta colección, visita nuestra página web:
www.macroediciones.com

Coordinación editorial: Simona Empoli, Elio Bortoluzzi
Revisión: Leticia Albarrán
Coordinación gráfica: Roberto Monti
Portada: Matteo Venturi
Maquetación: Gloria Riceputi
Fotografías: Isa Gil
Imprenta: Druk Intro, Polonia

Colección: Cocinar Naturalmente
ISBN: 9788417080419
Depósito legal: B 3589-2020

• Primera edición: abril de 2020
• Segunda edición: mayo de 2021

© 2020 Macro Ediciones
un sello de Macro Gruppo Editoriale S.r.l.
via Giardino 30, 47522
Cesena - Italia

Macro Chile
Suecia 0142, Providencia, Santiago de Chile

MACRO Y MEDIOAMBIENTE
El Grupo Editorial Macro salvaguarda el medioambiente de manera concreta, coherente y sostenible. Imprimimos nuestros libros, DVD, revistas, catálogos y folletos en Italia, en papel reciclado y usando tintas ecológicas. Si compras uno de nuestros productos, contribuirás a apoyar el proyecto de la Factoría de la Autosuficiencia (www.autosufficienza.it), una isla autosuficiente desde el punto de vista alimentario y energético que persigue el objetivo de sensibilizar instituciones, empresas y comunidades en pos de un planeta más sostenible. Gracias a su labor a favor de un menor impacto medioambiental, el Grupo Editorial Macro ha sido reconocido por Greenpeace como una editorial "Amiga de los bosques".

SUSTAINABLE WOOD FOREST — *La celulosa utilizada para la producción del papel sobre el que se han imprimido las páginas de este libro proviene de bosques administrados*

ECF CARING FOR NATURE — *La celulosa utilizada para la producción del papel sobre el que se han imprimido las páginas de este libro ha sido blanqueada sin el uso de cloro (ECF). Este papel es reciclable.*

Las tintas utilizadas para imprimir este libro no contienen compuestos orgánicos volátiles, están exentas de aceites minerales y tienen una base vegetal, ambientalmente compatible.

PRÓLOGO

¿Estás deseando vegetalizar tu dieta? ¿Alimentarte bien mientras disfrutas del maravilloso mundo vegetal? Pues en este libro, Isa te propone no solo eso, sino también viajar a través del poder del aroma, del color y del sabor, en un equilibrio y armonía que se reflejan en cada uno de sus platos.

Seas omnívoro, vegetariano o vegano, como dietista nunca me cansaré de decir lo importante que es a día de hoy el aumentar el consumo de vegetales, y no solo por nuestra salud, sino también por la de nuestro planeta. La salud es salud cuando esta es común y global, cuando respeta e integra nuestro interior con nuestro exterior. Empecemos a darnos cuenta de que somos un todo, y comamos pues de manera más integrativa, más afín a nosotros. Aumentar el consumo de vegetales y frutas en nuestra sociedad actual es vital, y es lo que deliciosamente consigue Isa con una creatividad y sensibilidad que la hacen única. No solo nos acerca al producto vegetal sano, sino también al de temporada e integral donde lo local se fusiona con lo exótico de manera irresistible.

Este libro es para quien entiende que la comida va definitivamente más allá de solo saciar el hambre. Estamos hablando de una alimentación que honra el producto y que invita a mimarse a través de unas recetas completas y naturales, ricas en macro y micronutrientes esenciales y en pigmentos de alto poder antioxidante. Pura densidad nutricional apta para los paladares más exquisitos y exentos de necesitar una dietoterapia especial.

Cocinar es cuidarse, y lo vas a poder hacer gracias a los trucos y a la selección y explicaciones de cada uno de los ingredientes que nos comparte Isa para sacar el máximo partido de sus beneficios terapéuticos.

Querido lector, estás a punto de descubrir lo placentero que es alimentarse a través de una nutrición real, integral y más sostenible, donde la sencillez da paso a lo delicioso, y donde el autocuidado se transforma en bienestar. ¡Bon appétit!

Mareva Gillioz
Dietista y Coach

PRESENTACIÓN

Me hace muy feliz que tengas este libro entre tus manos porque es una parte de mí, que he hecho con mucha ilusión, y en la que encontrarás algunas de mis recetas favoritas, esas que aún no había compartido con nadie.

Desde siempre tuve un interés especial por la comida saludable. De jovencita, me fascinaba ir a comer a restaurantes vegetarianos y descubrir las combinaciones de alimentos que allí preparaban y lo diferentes que eran de la comida de casa. Con el nacimiento de mi hijo, empecé a leer libros sobre cómo repercute la alimentación en nuestra salud y en nuestra vida, y fue entonces cuando empecé a experimentar y a probar nuevas recetas con ingredientes menos conocidos. Más adelante tomé la decisión de dejar de comer carne y opté por una alimentación principalmente vegetariana. Para profundizar y adquirir más conocimientos sobre esos nuevos ingredientes, cursé "Dietética Naturista y Oriental" y me adentré en la cocina macrobiótica, mientras realizaba diferentes cursos de cocina vegana y crudivegana. Así pues, ya llevo muchos años preparando comida para mi familia y unos cuantos centrada en que esa comida sea lo más saludable y equilibrada posible.

Todo esto, unido también a la pasión que siempre tuve por la fotografía, dio lugar a una página web: www.deliciaskitchen.com, desde la que empecé a compartir mis creaciones, sin imaginarme que lo que yo escribía y las recetas que iba subiendo, las estaban leyendo y haciendo tantas personas... ¡¡¡y desde tantos rincones del mundo!!!

Hoy por hoy mi pasión es mi trabajo, y paso los días haciendo fotografías y creando recetas para revistas y diferentes marcas, además de para mi web... ¡y la verdad es que no puedo estar más feliz!

Mis recetas son sencillas y fáciles de preparar. La base de mi cocina son los ingredientes naturales y completos, evitando en todo lo posible los ingredientes refinados. Aquí vas a encontrar muchas de las recetas que habitualmente preparo para mi familia. Todas ellas son vegetarianas, aunque prácticamente el 85-90 % son veganas. Para prepararlas acostumbro a utilizar ingredientes de temporada que se encuentran en cualquier mercado.

Pero también me encanta experimentar y probar sabores nuevos o productos especiales que no forman parte de nuestra tradición culinaria, por eso, siempre tengo en mi despensa un montón de especias e ingredientes típicos de diferentes culturas. Y es que siempre me han fascinado los sabores exóticos... ¡esos que te hacen viajar sin tener que salir de casa!

Algo que realmente sorprende es que, a día de hoy, la población en general está sobrealimentada, pero a la vez desnutrida y con carencias. Esto es debido a la baja calidad nutricional de los alimentos que se consumen, derivando, en muchos casos, en enfermedades crónicas de las que hace años ni siquiera habíamos oído hablar. La alimentación es clave para tener una buena salud, y el comer comida "de verdad" es, en mi opinión, una de las maneras de conseguirla.

Por otro lado, un cambio hacia una alimentación basada principalmente en alimentos de origen vegetal, supone un acto de amor y cuidado hacia nuestro planeta, cuya existencia empieza a no ser sostenible, debido, entre otros motivos, a la gran "necesidad" de comer carne por parte de la mayoría de la población.

Con este libro pretendo ofrecerte una variedad de opciones vegetarianas y veganas saludables que te puedan servir de inspiración en tu día a día, a la vez que cuidas de los tuyos y de ti misma. Porque no hay nada como la comida casera, elaborada con mimo y cariño, y nada como la magia de convertir alimentos básicos en riquísimos platos ¡llenos de sabores y texturas! ¿Te apetece acompañarme?

INTRODUCCIÓN

En este apartado encontrarás la guía de conversión de algunas medidas, para realizar las recetas, y una pequeña lista de los ingredientes indispensables que siempre tengo en mi despensa y frigorífico. He elegido los que me parecen más importantes o aquellos en los que tienes que fijarte a la hora de comprarlos, para que el producto que adquieras sea de la máxima calidad. También encontrarás algunos consejillos sobre cómo aprovechar mejor las propiedades de ciertos alimentos.

TABLA DE CONVERSIÓN DE MEDIDAS:

1 T = taza = 250 ml
½ T = 125 ml
⅓ T = 80 ml
¼ T = 60 ml

1 C = cucharada sopera = 15 ml = 3 cucharaditas de postre
1 c = cucharadita de postre = 5 ml
1 c/c = cucharadita de café = ½ cucharadita de postre = 2,5 ml

AOVE = Aceite de Oliva Virgen Extra

IMPORTANTE: A no ser que se especifique lo contrario, la cantidad que aparece en gramos de una pieza de fruta o verdura incluye piel o cáscara, sin limpiar, tal y como la encontramos en la frutería.

vegana sin gluten

EL CAMINO HACIA UNA ALIMENTACIÓN MÁS SALUDABLE

Alimentarnos de manera más saludable no es una cuestión de moda, ni algo de lo que tenemos que preocuparnos solo cuando se acerca el verano. Es un compromiso que deberíamos adoptar con nosotros mismos, basado en el equilibrio y en el sentido común a la hora de elegir nuestros alimentos. Pero tampoco es un cambio que debamos hacer drásticamente de un día para otro, es mejor adoptar nuevos hábitos día a día, e ir incorporándolos a nuestra dieta poco a poco. ¡Lo importante es empezar!

Actualmente comprar comida ya preparada y envasada es muy fácil, podemos hacerlo prácticamente en cualquier comercio, y casi las 24 h del día. Pero, como seguramente ya sabrás, esa comida procesada incorpora diversos aditivos, destinados únicamente a mejorar su sabor de manera artificial y alargar su conservación.

Un cambio hacia una alimentación más saludable implica retirar o dejar de consumir alimentos ya preparados y procesados, que pueden haber formado parte de nuestra dieta toda la vida o desde hace muchos años, para empezar a sustituirlos por otros nuevos que nos aporten un mayor contenido en vitaminas, minerales y demás nutrientes. Estos, además, nos saciarán durante más tiempo gracias a su mayor densidad nutricional y evitarán que nos entre el hambre o las ganas de picar entre horas.

La mejor manera de comenzar este cambio, si no lo estás haciendo ya, es preparar la comida en casa eligiendo los ingredientes primarios que vas a utilizar, y comprar los de mejor calidad. Pero empieza poco a poco, no es necesario comprar de una vez todos los ingredientes nuevos que no tengas o no conozcas. A medida que los vayas necesitando, compra los nuevos para sustituir los poco saludables que ahora puedas tener en casa.

Puedes empezar por hacer alguna de mis recetas y comprar los ingredientes que no tengas para elaborarla. De esta manera, a medida que vayas haciendo más recetas podrás ir adquiriendo los que te falten, haciendo crecer tu despensa. También verás que mis recetas comparten muchos de esos ingredientes básicos, por lo que podrás utilizarlos con bastante asiduidad si te vas animando a preparar más, a la vez que puedes ir utilizándolos también en tus recetas habituales. Esta es solo una idea para que no tengas que hacer una gran inversión inicial y vayas descubriendo, a tu ritmo, esos ingredientes nuevos.

Una buena previsión y planificación serán imprescindibles si queremos comer comida saludable y casera cada día. Dejar preparado un buen fondo de nevera en algún momento del fin de semana, o cuando nos vaya mejor, nos ayudará, especialmente en aquellos días en que vamos más justos de tiempo, a preparar en pocos minutos un delicioso y nutritivo plato.

Y recuerda utilizar, siempre que puedas, ingredientes que estén en plena temporada. Por precio, por sostenibilidad y sobre todo... ¡por su sabor!

INGREDIENTES QUE SIEMPRE TENGO EN MI DESPENSA

A continuación, voy a presentarte una lista de ingredientes que siempre acostumbro a tener en mi despensa y/o frigorífico. La lista general es mucho más larga, y en ella podría incluir absolutamente todos los ingredientes que tengo, pero me he querido centrar en los que considero imprescindibles. Algunos de ellos son ingredientes muy comunes, pero los he incluido para que te fijes en algunos detalles cuando vayas a comprarlos y puedas escoger los de mejor calidad. Casi todos ellos sirven tanto para recetas dulces como saladas.

También he añadido algunos ingredientes que no se encuentran en los supermercados convencionales, con los que preparo mis platos más exóticos. Podrás encontrarlos en tiendas especializadas –sobre todo si vives en una gran ciudad– o por internet –si vives en zonas donde no se pueden conseguir–. Si te gustan los sabores exóticos, merece la pena comprarlos porque duran mucho, y de esta manera podrás preparar recetas diferentes durante un largo período de tiempo.

Grasas y aceites

AOVE (ACEITE DE OLIVA VIRGEN EXTRA) y cómo elegir el mejor:
Es mi opción número uno, la que utilizo en la mayoría de mis recetas, y es importante que sea de la máxima calidad para beneficiarnos de sus magníficas propiedades antioxidantes. Está compuesto por grasas monoinsaturadas y tiene un gran poder antioxidante gracias a la vitamina E y los polifenoles y fitoesteroles que contiene. Pero para asegurarte de que es un aceite de oliva virgen extra de la mejor calidad (sobre todo a la hora de tomarlo en crudo) debes comprobar que en su etiqueta se indica: "Extracción en frío" o "Primera presión en frío", esto significa que no se han superado los 27 ºC en el proceso de extracción y que, por lo tanto, no se han alterado las propiedades originales del fruto. Es algo en lo que tienes que fijarte bien, porque la mayoría de los aceites virgen extra que nos venden no cumplen con este requisito tan importante.

ACEITE DE COCO sin refinar:
Es un aceite que ha creado mucha polémica últimamente, por ello es importante que tengas claro los beneficios que puedes obtener si lo compras de calidad (que no esté refinado) y no lo sometes a altas temperaturas. Tiene un altísimo contenido en grasas saturadas, pero estas son diferentes a las de origen animal y se metabolizan de manera muy distinta. El aceite de coco contiene principalmente ácidos grasos de cadena media, sobre todo ácido láurico, que pasan directamente a la sangre y de ahí al hígado donde son utilizados para generar energía. Por lo tanto, no se almacenan como grasa ni forman colesterol.

ACEITE DE SÉSAMO tostado:
Lo utilizo únicamente en algunas de las recetas a las que quiero dar un toque asiático, como el "Ramen", la "Insta sopa" (sopa instantánea) y en algunos aliños. Es un ingrediente que siempre tengo porque me gusta añadir unas gotitas a algunas de las sopas que consumo habitualmente, como la de miso.

Vinagres y otros condimentos

Hay diferentes tipos de vinagre mucho más saludables que los que conocemos de toda la vida. El de manzana es uno de ellos y es el que más utilizo, para hornear, para preparar elaboraciones dulces y también como base de los aliños de ensalada. Es importante comprarlo ecológico, sin filtrar y sin pasteurizar, ya que de esta manera es un alimento vivo que conserva las bacterias con las que ha fermentado, lo que lo convierte en un alimento probiótico, alcalinizante y muy beneficioso para nuestra salud y nuestras digestiones.

También utilizo en algunas recetas, por sus propiedades digestivas, el vinagre de umeboshi. Es muy salado, por lo que en estas recetas no añado sal, la sustituyo por él.

Cuando quiero dar un toque asiático a la receta utilizo el vinagre de arroz, y, en contadas ocasiones, también utilizo el balsámico por el sabor que aporta.

Y, por último, el mirin es un vino de arroz muy utilizado en la cocina macrobiótica cuyo sabor me recuerda al vino Moscatel. Le da a las recetas un toque muy especial y lo puedes encontrar en la mayoría de tiendas ecológicas.

Legumbres

Las legumbres son una gran fuente de proteínas, y dependiendo de la variedad, incluso de proteína completa[1] como: los garbanzos, que verás en muchas de las recetas de este libro, las azukis y la soja que consumo en forma de tofu, tempeh, tamari o salsa de soja, y en algunas recetas puntuales en forma de yogur.

Utilizo mucho las judías blancas y negras (frijoles), pero también las rojas, ya que su color es espectacular y alegra muchos platos. Las judías azukis (de origen japonés y que encontrarás en cualquier tienda ecológica) también las incluyo en muchas elaboraciones por sus magníficas propiedades. Las lentejas rojas partidas y las clásicas marrones pardinas de toda la vida, son también indispensables en mi cocina. Utilizo casi todas las variedades, tanto en recetas saladas como en dulces, y las uso principalmente secas, cociéndolas en casa, y de vez en cuando en conserva, solo cuando no he tenido la previsión de ponerlas en remojo la noche anterior. Es muy importante que estas sean ecológicas y que en su lista de ingredientes solo lleven agua y sal añadidos.

En el apartado de *Básicos* encontrarás cómo cocerlas correctamente.

....

1 Una proteína completa o una proteína entera es una fuente alimenticia de proteína que contiene una proporción adecuada de cada uno de los nueve aminoácidos esenciales necesarios en la dieta humana.

Cereales y pseudocereales

Los cereales que cocino y consumo habitualmente son: arroz integral (tanto basmati como redondo), arroz negro o venere, arroz rojo, quinoa, espelta, polenta (harina gruesa de maíz), trigo sarraceno, mijo, avena, bulgur y cuscús de espelta integral, kamut, avena (en grano y en copos) y cereales inflados.

Los cereales integrales contienen la gran mayoría de sus nutrientes en la cáscara, pero también es ahí donde se acumulan los pesticidas, fertilizantes y demás productos nocivos y tóxicos que se utilizan en la agricultura convencional. Por ello es tan importante consumirlos ecológicos, para poder beneficiarnos así de sus propiedades con total tranquilidad.

En las recetas donde los utilizo, te indico en qué cantidad de líquido necesitas cocer cada cereal para preparar dicha receta.

Semillas

Utilizo varios tipos de semillas en mis recetas, muchas veces formando parte de los ingredientes y muchas otras como topping. Estas son: lino, chía, sésamo, calabaza, girasol, amapola y cáñamo. Todas ellas son ricas en ácidos grasos esenciales (omega 3 vegetal), especialmente las de chía y las de lino. Pero para poder obtener todos sus beneficios, es imprescindible triturarlas primero con un pequeño molinillo, para abrirlas. Con las semillas de sésamo ocurre lo mismo, son muy ricas en calcio, pero hay que abrirlas y/o triturarlas para que podamos beneficiarnos de sus propiedades. Con ellas se elabora el tahini: la crema de sésamo que encontraras en el capítulo de *Básicos*.

Si te sobran semillas molidas, es importantísimo que las guardes en un tarro bien cerrado en el frigorífico, o mejor aún en el congelador (no se van a congelar), porque se oxidan con mucha facilidad. Utilízalas en cuanto tengas ocasión, de topping en alguna crema de verduras, en algún batido o zumo, yogur, o donde quieras.

Frutos secos

Los frutos secos son un alimento muy energético, que contiene grasas de muy buena calidad, proteínas vegetales, vitaminas y minerales. Cada variedad nos aporta diferentes beneficios, por lo que es ideal incluirlos de forma variada en nuestra dieta.

Nueces, almendras, anacardos, avellanas, nueces o coquitos de Brasil, nueces pecanas, son algunos de los que encontrarás en mis recetas. Son perfectos como snack entre horas, pero también son muchas las preparaciones que se pueden hacer con ellos: mantecas o mantequillas, leches, quesos vegetales, tartas, etcétera.

Guárdalos en el frigorífico en las épocas más calurosas para que te duren mucho más tiempo en perfecto estado y no se pongan rancios. También puedes congelarlos e ir consumiéndolos a medida que los vayas necesitando, porque no se llegan a congelar totalmente. De esta manera los podrás consumir enseguida y, ademas, tendrán un toque crujiente y fresquito.

Harinas

La harina que más utilizo es la de espelta integral ecológica, un cereal antiguo considerado el origen de todas las variedades del trigo actual, pero con propiedades muy superiores a todas ellas. Es un cereal que no ha sido manipulado por el ser humano a lo largo de los años, cosa que sí ha pasado, por ejemplo, con el trigo común. Es importante que las harinas integrales que utilicemos sean ecológicas, por la razón que te he explicado antes en el apartado de cereales y pseudocereales.

También me gusta utilizar harinas sin gluten como la de arroz, trigo sarraceno, garbanzos, coco, maíz y algarroba (esta última para sustituir o disminuir la cantidad de cacao en una receta).

Bebidas o leches vegetales

Aunque la mayoría de las leches vegetales que utilizo las preparo en casa con frutos secos y/o semillas, siempre tengo algún brik o lata con los que preparo alguna receta en concreto. En la receta de leches vegetales del capítulo de *Básicos* te explico un poco más y te indico las que yo preparo.

Yogures vegetales

Hace muchos años que no consumo yogures tal y como lo hace la mayoría de la gente que conozco (como postre, merienda, etc.). Pero sí los utilizo para elaborar algunas de mis recetas. Siempre elijo el yogur de soja ecológico sin edulcorar, porque me gusta el sabor neutro que tiene y el resultado que obtengo con él. Me gusta incluirlos en algún bizcocho y elaborar salsas o aliños con ellos.

También en el apartado de *Básicos*, encontrarás la receta del yogur de coco que yo preparo para elaborar algunos postres, añadir como topping o acompañar otras elaboraciones, como tortitas, crumbles, etcétera.

Superalimentos

Los superalimentos son, desde el punto de vista nutricional, alimentos con una alta concentración en nutrientes. Cada uno de ellos tiene sus propias características y propiedades, y suponen un aporte natural muy interesante para complementar nuestra dieta. Algunos de los que yo utilizo habitualmente son: levadura nutricional, cacao, maca, espirulina, semillas de chía, açaí, matcha, etc. En las recetas donde los incluyo te explico un poco más sobre ellos.

Endulzantes

Hay un gran surtido de endulzantes integrales con los que puedes sustituir el azúcar blanco refinado de toda la vida: azúcar de coco, dátiles medjoul, azúcar integral de caña, panela, sirope de agave crudo, sirope de arce, miel, sirope de arroz, etc. Cada uno de ellos posee sus propias características y sabor.

De esa lista los dátiles medjoul son siempre mi opción favorita a la hora de endulzar cualquier receta, porque son totalmente naturales, los consumimos sin ningún tipo de manipulación ni procesado, y, además, nos aportan una buena cantidad de fibra y minerales. Pero al tener una textura tan densa y pegajosa no siempre encajan bien, y en esos casos prefiero emplear otras opciones.

En las granolas me gusta utilizar sirope de arroz, ya que consigue que los ingredientes queden más pegados entre sí, cosa que no pasa con otros endulzantes.

El sirope de arce para mí es uno de los más deliciosos ya que sabe a caramelo, pero el problema es que su precio es bastante elevado.

El xilitol y el eritritol no son endulzantes integrales pero, a diferencia del azúcar convencional, tienen interesantes ventajas para incluirlos en nuestras elaboraciones. Al ser de color blanco son ideales para mantener el color original de algunos ingredientes y el resultado final de muchas recetas. Otra de las ventajas es que ambos pueden ser consumidos por personas diabéticas, ya que no alteran los niveles de insulina. Ambos contienen muy poquitas calorías y ninguno de los dos provoca el desarrollo de caries. La desventaja es que su precio también es elevado.

Otro endulzante que también pueden tomar las personas diabéticas y no aporta calorías es la estevia, que puedes encontrar en el mercado en diferentes formatos. Uno de los más naturales y recomendables es el que ofrece directamente la hoja triturada. Es de color verde y endulza mucho más que cualquier otro tipo de endulzante, pero tiene un sabor muy particular que puede no gustar a todo el mundo.

Sal

Hasta ahora la sal marina sin refinar era la opción más recomendable a la hora de añadir sal a un plato o receta, ya que contiene más minerales y oligoelementos que la sal común. Pero en recientes estudios se han detectado microplásticos en prácticamente todas las sales marinas que hay en el mercado, debido a la enorme cantidad de este tipo de residuos que hay en nuestros mares y océanos.

Por tanto, si quieres consumir una sal sin contaminantes ni microplásticos, ahora mismo yo te recomendaría dos opciones: la sal rosa del Himalaya que se extrae de las montañas de Pakistán, y que continua siendo una buena opción; y la sal de río, una sal fósil pura, originada por la evaporación del agua en cuencas anteriormente ocupadas por el mar. Estas quedaron aisladas hace millones de años y hoy se obtiene esa sal gracias al paso de ríos subterráneos o manantiales de agua por esos yacimientos salinos.

Ambas se encuentran fácilmente en tiendas especializadas, tiendas ecológicas y en algunas grandes superficies.

Derivados de la soja [2]

Habitualmente utilizo diferentes ingredientes elaborados con habas de soja, pero no todos son iguales. Los más saludables son los que han sido fermentados: tamari o salsa de soja, miso y tempeh. Pero también me gusta utilizar tofu, aunque este no sea un producto fermentado, para sustituir a las proteínas vegetales en algunas recetas.

La diferencia y ventaja, entre los fermentados y los que no lo están, es que durante el proceso de fermentación se reducen los niveles de antinutrientes de la legumbre y aumentan sus propiedades beneficiosas.

El TAMARI o el SHOYU (salsa de soja) son básicos en la cocina saludable, ya que aportan sabor y sal de manera natural a cualquier receta. Ambos son el mismo producto, con la diferencia de que el primero, el tamari, está libre de gluten al no haber sido fermentado con granos de trigo, como sí lo ha sido el shoyu.

El MISO es un alimento con propiedades terapéuticas, elaborado a base de soja, cereales y sal de mar. Estos ingredientes se dejan fermentando durante varios meses o años, dependiendo de la variedad, y finalmente son convertidos en una pasta muy concentrada que utilizaremos en pequeñas cantidades. Contiene enzimas que facilitan la digestión, proporciona proteínas de alta calidad, ayuda a mantener la temperatura corporal en épocas frías e incluso tiene un efecto protector frente a las radiaciones. También fortalece el sistema inmune y ayuda a alcalinizar la sangre.

Hay que tener en cuenta que el miso nunca debe hervir, si no se destruirían sus beneficiosas enzimas y se alterarían el resto de sus propiedades. Se añade cuando el fuego se apaga o directamente en el mismo bol o plato.

Existen tres tipos de miso: el más fuerte y oscuro, el marrón o medio (que dependiendo de la variedad puede ser con o sin gluten) y el blanco y suave.

El más fuerte, HATCHO, está elaborado únicamente a base de soja, es muy proteico y de sabor más intenso. Los medios son dos, el mugi, elaborado con soja y cebada (y el único que no pueden tomar las personas celíacas o intolerantes al gluten), y el genmai, elaborado a base de soja y arroz. Por último, el shiro miso, también está elaborado con soja y arroz pero es el más clarito de todos debido a su corta fermentación.

El TEMPEH es originario de Indonesia y es una de las proteínas vegetales que más me gustan. Al igual que el miso o el tamari, también se elabora con soja y pasa por un proceso previo de fermentación, en este caso con un hongo. Para las personas que como yo no comemos carne, una ración de tempeh contiene aproximadamente la misma cantidad de proteínas que una ración de carne, lo que lo convierte en la proteína vegetal más completa que existe y una de las más interesantes a la hora de seguir una dieta vegetariana.

El TOFU también es una proteína completa, pero no está fermentado. Es un alimento muy consumido en Oriente y cada vez lo es más en Occidente. Tiene la ventaja

....

2 Siempre ecológicos para asegurarnos de que no están modificados genéticamente

de no tener prácticamente sabor, una característica interesante a la hora de añadirlo a cualquier receta, porque absorberá los sabores y condimentos de esta.

Existen dos tipos de tofu: el firme y más duro, ideal para cualquier receta salada, aunque también se puede utilizar en muchas dulces, y el sedoso, que tiene una textura de flan y es perfecto para elaboraciones dulces (y que a mí me encanta añadir a las sopas de miso).

Algas

Las algas ocupan un espacio importante en mi alimentación y figuran entre los productos más ricos en hierro y calcio de la naturaleza. Son fáciles de agregar a infinidad de recetas, aportándonos muchos beneficios. Aunque tampoco deberíamos tomarlas todos los días por su alto contenido en yodo, porque a largo plazo podría afectar negativamente al funcionamiento de la glándula tiroides. Las personas con hipertiroidismo por tanto deberán evitar su consumo.

Todas las algas marinas comparten su riqueza en minerales y oligoelementos, y son ideales para depurar el organismo y revitalizarlo. Ayudan en la eliminación de grasas y metales pesados, reduciendo los niveles de colesterol, regulando la presión sanguínea y nutriendo la sangre. Además, limpian el aparato respiratorio ayudando a eliminar mucosidades. Algunas de ellas son: wakame, nori, cochayuyo, lechuga de mar, dulse, agar-agar –que he incluido en el apartado de espesantes y gelificantes–, etcétera.

Hay otra variedad de algas denominadas algas de lago o algas azules, entre las que se encuentran la espirulina y la clorella. Estas también entrarían en el grupo de los superalimentos. Son un ingrediente muy interesante porque contienen entre un 60-70 % de proteína completa de fácil asimilación por el organismo. También contienen diferentes vitaminas y minerales y una buena cantidad de clorofila, por lo que es un buen suplemento en dietas vegetarianas y veganas.

Espesantes, gelificantes y aglutinantes

La diferencia entre espesantes y gelificantes es que los primeros hacen que la receta se espese a la vez que mantiene una consistencia cremosa, mientras los gelificantes hacen que espese consiguiendo una textura de gelatina. Los primeros se disuelven en frío pero actúan al calentarse y los segundos se disuelven en caliente, pero actúan después, al enfriarse. Los que uso en mis recetas son naturales y poseen propiedades beneficiosas para nuestra salud (en las recetas donde los utilizo te explicaré más).

Los espesantes que utilizo son el arrurruz y el kuzu, y sustituirían a la conocida harina de fécula de maíz que se puede encontrar en cualquier supermercado y que toda la vida han utilizado nuestras madres. Tanto el arrurruz como el kuzu son almidones que se obtienen de dos raíces diferentes. El primero, de una planta originaria de América del Sur y el segundo, de una asiática muy utilizada en la medicina tradicional china. Ambos son perfectos para espesar cualquier receta.

Únicamente utilizo un gelificante, el agar-agar, un alga rica en minerales, que consigue el efecto de gelatina y que yo siempre utilizo en polvo, no en copos, ya que se disuelve mucho mejor y más rápido. Es perfecta para darle esa textura gelatinosa a las mermeladas, y usar en otras elaboraciones como flanes, panna cottas, etcétera.

El aglutinante natural que suelo utilizar es el psyllium, que no es más que la cáscara que cubre las semillas del *Plantago ovata*, una planta medicinal muy rica en fibra dietética. Es muy rica en mucílagos, que hacen que al entrar en contacto con cualquier líquido funcionen como un "pegamento" entre los ingredientes y sirve para amalgamar hamburguesas vegetales u otras elaboraciones parecidas. También es muy interesante para elaborar panes, ya que hace que la masa se hinche y aumente su tamaño, aportando esponjosidad a la elaboración.

Especias, aromatizantes y hierbas aromáticas frescas

Las especias aportan aroma y mucho sabor a la comida, por lo que son imprescindibles en cualquier cocina. Estas son todas las que utilizo en las recetas que encontrarás en este libro: cúrcuma, canela, cebolla en polvo, ajo en polvo, comino, cilantro molido, orégano, chili en polvo, pimentón de la Vera, pimentón dulce, cardamomo, laurel, pimienta negra, pimienta de Jamaica, jengibre en polvo, nuez moscada, garam masala, anís estrellado, curry en polvo y semillas de alcaravea.

Aparte de las especias secas, me encanta utilizar algunos aromatizantes líquidos, sobre todo en elaboraciones dulces. Uno imprescindible para mí es la vainilla, ya que casi todo está más rico con ese toque tan delicioso que aporta. Yo uso extracto de vainilla en formato líquido. Y otro sabor que me encanta y que aporta un toque muy especial a los dulces es el de la rosa.

Por último, para dar el toque final o incorporarlas dentro de las recetas, las hierbas aromáticas no pueden faltar en tu cocina o, mejor aún, en tu terraza o balcón. Las que yo más utilizo son: albahaca, menta, salvia, perejil, cilantro fresco, romero, tomillo, cebollino y eneldo. Añadiendo un puñado de hierbas picadas al plato a la hora de servirlo, aportarás sabor y frescor al resultado final. ¡Y siempre queda todo más bonito y fotogénico!

Huevos

Hoy en día podemos saber el grado de bienestar con que han sido criadas las gallinas que ponen los huevos que vamos a comer. Mi recomendación es que intentes comprar siempre huevos ecológicos, que son los que empiezan por 0 en la numeración que tienen grabada en su cáscara. Son más caros, pero te aseguras de que las gallinas que ponen esos huevos están criadas en libertad y alimentadas a base de piensos ecológicos.

Los del número 1 son de gallinas alimentadas con pienso tradicional, que viven en naves pero también tienen acceso al exterior. Por lo que si no puedes permitirte comprar siempre huevos ecológicos, una opción sería ir alternándolos con los del número 1. Ambos son de gallinas felices y se nota en su sabor.

Según ese número va subiendo (2 y 3), las condiciones en que son criadas esas gallinas van empeorando y con ello la calidad de los huevos. Yo desde aquí te animo a que no compres huevos del número 2, ya que son de gallinas que no ven nunca la luz del sol ni salen al exterior y son alimentadas con piensos convencionales. Pero mucho menos del número 3, que son de gallinas criadas en jaulas, de las que no salen en ningún momento y en las que no tienen ni espacio para moverse. En ambos casos son alimentadas con pienso convencional y las condiciones de vida de esas gallinas son deplorables. Casualmente son los que se encuentran más fácilmente en todos los supermercados y lógicamente su precio es el más bajo de todos.

Cítricos

Me encanta añadir a muchas de mis recetas la piel de los cítricos rallada. Tanto a las dulces como a las saladas, porque les aporta un sabor y aroma únicos. Limones, naranjas, limas o mandarinas son las frutas que más utilizo para ello, pero es muy importante tener en cuenta que en la piel de las frutas es donde se acumulan los pesticidas y demás productos nocivos que se utilizan en la agricultura convencional, y, por muy bien que se laven, siempre quedan restos. Por este motivo, intenta comprarlos siempre ecológicos. En el mercado hay alguna marca de rallador especial para las pieles de los cítricos, ¡y realmente se nota la diferencia con las demás!

Algunos ingredientes exóticos que puede que no conozcas o no hayas utilizado nunca [3]

SRIRACHA:

Es una salsa tailandesa que se ha hecho muy famosa en los últimos años entre los grandes chefs de todo el mundo. Es una especie de kétchup picante y medio dulzón. A veces me gusta añadir unas gotas a alguna receta para darle un toque diferente. No entra dentro del grupo de ingredientes saludables, pero en alguna ocasión sí que lo utilizo para darle chispa a algún plato.

PIMIENTA DE SICHUAN:

Es la pimienta más especial y aromática que existe, y también la preferida de reconocidos chefs. Su aspecto es muy parecido al de la pimienta negra convencional.

BOK CHOY O PAK CHOI:

Parece una especie de acelga asiática, pero es en realidad una col que generalmente se incluye siempre en los boles de ramen. Una vez cocida tiene un sabor muy suave que recuerda a las espinacas. Su cultivo es tradicional de países asiáticos pero desde hace unos años ya se cultiva en Europa y en España.

HOJAS DE KAFFIR LIME O LIMA KAFFIR:

Son las hojas de un arbusto que da un fruto similar a la lima. En Europa es prácticamente imposible encontrarlo fresco, por lo que yo siempre utilizo las hojas secas que se hidratan al incorporarlas a cualquier cocción. Si no las encuentras puedes sustituirlas por cáscara de lima.

....

3 Los encontrarás en tiendas asiáticas, menos el bok choy.

APROVECHA AL MÁXIMO LOS BENEFICIOS DE ALGUNOS INGREDIENTES

ALIMENTOS RICOS EN HIERRO:
Si tienes falta de hierro es importante que no tomes té o café ni antes ni después de tus comidas. Tanto la teína del té como la cafeína del café, son bloqueadores de la absorción del hierro. Por lo que ten especial precaución en esas comidas en las que haya ingredientes ricos en este mineral. Por el contrario, no olvides incluir alimentos ricos en vitamina C (tomates, pimientos, cítricos, etc.), porque esta facilita la absorción del hierro. Si quieres consumir té o café no hay problema, pero hazlo siempre entre horas o cuando hagas comidas bajas en este mineral, o no te interese beneficiarte de él.
AJO:
Cuando vayas a cocinar o a preparar cualquier receta con ajos, puedes beneficiarte de sus propiedades antiinflamatorias y preventivas, si una vez que los machacas, prensas o trituras, los dejas reposar durante 10 minutos antes de utilizarlos. Al hacerlo, se crean una serie de compuestos azufrados responsables de dichas propiedades. Además, incluso se mantienen tras la cocción, siempre que hayamos esperado ese tiempo de reposo. Yo los prenso o machaco al principio de todo, y, mientras reposan, voy preparando y haciendo otras cosas.
PATATAS Y ALMIDONES RESISTENTES:
Lo ideal es cocer las patatas el día anterior para conseguir los almidones resistentes que se crean al enfriarse y refrigerarse a unos 4 o 5 ºC. De esta manera estaremos cuidando y alimentando nuestra flora intestinal, ya que esos almidones tienen un efecto prebiótico clave para mantener sano nuestro intestino. Es importante tener en cuenta que no hay que calentarlas mucho al día siguiente, como máximo a 130 ºC para que dichos almidones no vuelvan a su estructura original. Estos almidones no se crean solamente en las patatas, también en la mayoría de tubérculos y en casi todos los cereales y legumbres, por lo que puedes también seguir el mismo método con ellos. Tienes un ejemplo en la ensalada de patata y remolacha que encontrarás en la página 84, donde también te lo explico con un poco más de detalle.

UTENSILIOS Y ELECTRODOMÉSTICOS QUE UTILIZO HABITUALMENTE

Aparte de los utensilios que hay en cualquier cocina, hay algunos que te pueden facilitar muchas tareas a la hora de preparar cualquier receta:
PELADORES DE VERDURAS:
Son imprescindibles en cualquier cocina, con ellos podrás pelar cualquier fruta o verdura rápidamente y sin ninguna complicación. Pero, además, podrás hacer tiras con la pulpa de algunos vegetales, como los calabacines o las zanahorias, y simular unos fetuccini vegetales si no tienes o no quieres gastar en un espiralizador para hacerlos;

el resultado no es exactamente el mismo, pero te servirá y el sabor será igual. Lo ideal es tener también uno para cortar en juliana, este hace las tiritas muy finas y puede simular unos espagueti, aunque mucho más cortos.
PRENSADOR DE AJOS:
Es un utensilio de tamaño pequeño y muy económico que yo uso constantemente en todas las recetas en las que utilizo ajos. Con un simple gesto manual se trituran completamente los dientes de ajo, y, a la vez, se elimina la piel que los recubre.
CUCHARAS MEDIDORAS:
Van genial para poder medir bien las cantidades pequeñas de los alimentos.
TAZAS MEDIDORAS:
Muy prácticas para no tener que utilizar la báscula para medir los ingredientes de las recetas. Midiendo en tazas se va mucho más rápido (al principio de este capítulo, encontrarás a qué equivale cada taza).
MORTERO DE PIEDRA O MÁRMOL:
En todas las cocinas hay un mortero, pero tengo que decirte que los de mármol o piedra muelen muchísimo mejor que los de cualquier otro material menos pesado, como la cerámica o la madera. El mango para prensar pesa tanto que enseguida lo deja todo bien fino y casi no requiere esfuerzo machacar las especias o cualquier otro ingrediente.
BOLSA O TELA FINA PARA PREPARAR LECHES VEGETALES:
Si vas a preparar tus propias bebidas vegetales en casa necesitas tener una bolsa destinada a ese fin o un trozo de tela, tipo muselina, para colar la mezcla que prepares.

Y, para terminar, te contaré acerca de los electrodomésticos que yo utilizo para preparar muchas de mis recetas.

Batidoras

MINIPIMER O BATIDORA DE BRAZO:
Este electrodoméstico no puede faltar en ninguna cocina. Es fácil de limpiar, fácil de guardar en cualquier cajón y, según la elaboración y la cantidad que vayas a preparar, tendrás suficiente con la potencia que te ofrece un aparato de este estilo. Pero a partir de ahí la cosa va evolucionando...
UNIPERSONAL:
Las batidoras unipersonales son ideales para preparar batidos del tamaño de un vaso grande, y también para moler pequeñas cantidades de semillas y batir o triturar muchas otras elaboraciones. También son ideales para llevarlas de viaje.
ALTA POTENCIA:
Hay muchas batidoras de vaso o de jarra en el mercado, pero las de alta potencia destacan sobre las demás porque permiten hacer elaboraciones que otras con menos potencia no pueden hacer, ya que se dañaría su motor.

Su poder de trituración es fantástico y con ellas se consiguen elaboraciones de textura sedosa, helados de fruta congelada sin necesidad de añadir ningún líquido, hacer harina con cualquier grano, triturar hielo y muchas cosas más. Su precio es bastante elevado, porque su potencia (normalmente a partir de 1000 W) es muy alta y el tiempo de funcionamiento de manera continuada también.

Procesadora de alimentos

Una procesadora de alimentos es también imprescindible a la hora de elaborar muchas de mis recetas. Es perfecta para triturar los ingredientes más duros que no requieren de líquido, e indispensable para preparar todas las mantecas de frutos secos y/o semillas que siempre tengo en mi despensa. Para hacer estas mantecas es necesario que, como mínimo, la máquina tenga 1000 W de potencia y que su motor pueda aguantar funcionando de modo continuado bastante tiempo, de lo contrario el motor se podría llegar a quemar. Por ejemplo, para preparar una manteca de frutos secos o semillas se pueden llegar a necesitar unos 8 o 10 minutos de continuo funcionamiento para que estos se conviertan en una deliciosa crema. Las barritas, bolitas, bases de tartas, etc. también se trituran con la procesadora de alimentos para que quede una mezcla fina y homogénea. Realmente este es uno de mis utensilios favoritos y le saco muchísimo partido.

BÁSICOS

- Leches o bebidas vegetales
  Almendras o avellanas
  Anacardos
  Nueces
  Nueces y sésamo
  Avena
  Horchata
- Nata de coco
- Yogur de coco
- Compota de manzana
- Queso untable de anacardos
- Mantecas o mantequillas de frutos secos o semillas
- Legumbres cocidas
- Parmesano vegano
- Pan de espelta integral
- Pan de semillas y pasas
- Crackers
  Espelta
  Mijo
- Salsa de tomate casera
- Masa de espelta integral para pizza
- Veganesa casera
- Aceites macerados
- Pasta de curry rojo
- Pesto vegano
- Caldo

LECHES O BEBIDAS VEGETALES

¡No hay nada como preparar tu propia leche vegetal en casa! Nada más fresco y recién hecho, y por lo tanto... ¡nada más natural! Fue una de las primeras elaboraciones que incorporé cuando cambié a una alimentación más saludable, y, por lo tanto, algo que llevo haciendo desde hace muchos años. Aquí te sugiero las que yo hago habitualmente. Normalmente voy variando, y nunca tengo más de dos preparadas, porque al ser tan naturales y no llevar ningún conservante, su duración es corta, de 2 a 3 días. Con diferencia, la que más consumo es la de almendras, aunque le sigue muy de cerca la de nueces.
Los ingredientes para todas son los mismos: frutos secos o semillas y agua. Y las cantidades son orientativas, porque dependiendo del uso que les vayas a dar, o de tus propios gustos personales, las puedes preparar más o menos densas o añadirles algún endulzante, dátiles, canela, vainilla, una pizca de sal, etc. ¡Seguro que encuentras una combinación de sabores que te guste!
Yo las hago básicas, sin ningún añadido, porque luego las utilizo en muchas recetas saladas y no quiero añadir sabores extra a esas elaboraciones. Siempre puedes añadir los extras que más te apetezcan si quieres tomarte un vaso. Y aunque, en mi día a día, prefiero siempre utilizar estas leches o bebidas vegetales caseras, en algunas recetas utilizo leche de coco (sobre todo en las exóticas), arroz o soja. Estas dos últimas muy puntualmente.
Por ejemplo, en las recetas dulces en las que hay que llevar a ebullición el líquido, me gusta utilizar leche o bebida de arroz que compro en tiendas ecológicas. Me gusta ese punto dulce que tiene sin llevar ningún tipo de azúcares añadidos, sobre todo cuando se calienta, que aún queda más dulce. Eso me permite utilizar menos endulzante en la receta que voy a elaborar. La bebida de soja es otra de las que compro, y, aunque la utilizo muy puntualmente, hay casos en los que la receta no sale igual sin ella. Es el caso de la veganesa. Ninguna otra bebida vegetal emulsiona como la de soja.

Indicaciones para todas

Estas indicaciones son para todas excepto para la horchata (que ya te diré cómo prepararla en su receta).

1. Poner en remojo el ingrediente seco durante 8 h aproximadamente.
2. Escúrrelo, enjuágalo y échalo en una batidora potente, junto con unos 500-600 ml de agua, para que se triture bien. Cuando lo esté, añade el resto del agua hasta completar el líquido requerido y vuelve a batir. Cuela (todas menos la de anacardos –que queda perfecta y cremosa sin necesidad de colarla– y la de nueces y sésamo si la vas a utilizar en batidos) la mezcla con una tela o bolsa para leches vegetales y guárdala en una botella de cristal en el frigorífico. Dura de 2 a 3 días.

Importante

Sobre todo la de avena y la horchata hay que removerlas bien antes de consumir, porque en el fondo de la botella se queda la parte más sólida.

Consejo

Yo aprovecho las pulpas sobrantes de almendras, avellanas o nueces, añadiéndolas a cremas de verduras o a barritas o bolitas dulces elaboradas con dátiles, frutos secos y otros ingredientes. Si no tienes previsto preparar ni cocinar nada ese día, o al día siguiente, puedes guardarlas en un táper en el congelador y utilizarlas más adelante.

ALMENDRAS O AVELLANAS

PARA 1 L

1 T de almendras o avellanas crudas (140 g)

800 ml de agua

Con esta cantidad de agua obtendrás una bebida bastante cremosa, si la prefieres más líquida, simplemente añade un poco más de agua.

ANACARDOS

PARA 1 L

1 T de anacardos crudos (130 g)

900 ml de agua

Esta preparación no necesita colarse, ya que el anacardo queda totalmente triturado y, por lo tanto, el resultado es una bebida densa y riquísima. Es otra de mis favoritas.

NUECES

PARA 1 L

1 T de nueces (90 g)

900-1000 ml de agua

Las nueces contienen más grasa que el resto de frutos secos, por eso prefiero utilizar un poco más de agua para elaborar esta bebida vegetal.

NUECES Y SÉSAMO

PARA 1 L

¼ T de semillas de sésamo crudo (35 g)

¾ T de nueces (75 g)

1 l de agua

Esta elaboración la utilizo mucho para preparar batidos dulzones a los que habitualmente añado plátano y cacao o ingredientes similares. No la cuelo para aprovechar el calcio del sésamo, ya que este se encuentra en la cáscara.

AVENA

Para preparar la bebida de avena tienes dos opciones: utilizar avena en grano o en copos. Más abajo tienes las cantidades para elaborar una u otra. El resultado es prácticamente el mismo. Los copos tienen la ventaja de que necesitan menos tiempo de remojo, de 30 a 60 min, aunque también los puedes dejar más tiempo.

PARA 1 L

½ T (90 g) de avena en grano o ½ T (50 g) de avena en copos

750-1000 ml de agua

Con 750 ml obtendrás una bebida más densa, para utilizarla como una crema para cocinar. Con 1 l quedará más ligera y podrás elaborar recetas que requieran una bebida más líquida, o añadirla a batidos, al café o al té.

HORCHATA

PARA 1 L

1 T de chufas secas (160 g)

1 l de agua

endulzante de tu elección al gusto

canela en polvo al gusto

No es necesario remojar las chufas para elaborar horchata. Simplemente hay que lavarlas muy bien y triturarlas con el agua. Luego colar el resultado, como las anteriores, y añadirle el resto de ingredientes (volviendo a triturar si es necesario).

NATA DE COCO

Puedes hacer nata de coco más o menos densa dependiendo del uso que le vayas a dar.

PARA PREPARAR UNA MÁS DENSA

Pon una lata de leche de coco en la nevera durante unas 8 h. La nata subirá hasta la parte superior, y de esa manera al abrirla podrás recogerla fácilmente con una cuchara cuando solidifique. Bate esa parte sólida muy bien con unas varillas añadiéndole endulzante a tu gusto (yo utilizo xilitol). Guárdala en la nevera una vez montada para que se endurezca un poco y se conserve firme. El resto de la leche puedes utilizarla en algún batido, crema de verduras o congelarla para utilizarla más adelante.

PARA PREPARAR UNA MÁS LIGERA

Yo utilizo un brik entero de leche de coco tipo thai y la bato igual con las varillas. No tiene tanto cuerpo, porque no tiene tanta grasa. Guárdala enseguida en la nevera para que se endurezca un poco más.

YOGUR DE COCO

Me encanta preparar estos yogures de coco para luego acompañar o formar parte de otras elaboraciones. Son perfectos para montar capas en vasitos, parfaits o tarros de desayuno y también para acompañar muchos otros tipos de dulces. Les aporta un sabor y una cremosidad extraordinaria... ¡y son tan fáciles de preparar! Una vez los tienes hechos, duran en la nevera bien cerrados una semana entera. Para espesarlos utilizo kuzu, una raíz cuyos beneficios te explico más abajo. Al igual que los probióticos, lo encontrarás en tiendas especializadas, como herbolarios y de dietética.

3 YOGURES

500 ml de leche de coco cremosa estilo thai

1 C de kuzu

2 cápsulas de probióticos

Pon un poco de leche en un vasito y disuelve bien el kuzu en polvo hasta que no quede ningún grumo (el kuzu se comercializa en trocitos, tritúralos bien hasta convertirlos en polvo).

Échalo en un cazo y añade el resto de leche. Remueve bien y calienta a fuego medio hasta justo antes de empezar a hervir, sin dejar de remover. Baja el fuego y sigue removiendo durante unos minutos hasta que veas que la mezcla empieza a espesar. Entonces apaga el fuego.

Echa la mezcla en un recipiente de vidrio y deja que se enfríe hasta templarse bien. Que no esté caliente, porque las bacterias de las cápsulas morirían. Echa el interior de las cápsulas y remueve bien con una cuchara de madera (dicen que a los probióticos no les gusta el metal) y llena los vasitos esterilizados de la yogurtera. Déjalo fermentar como mínimo 10 h. Cuantas más horas lo dejes más ácido y consistente estará, así que puedes empezar por este tiempo e ir probando después otras opciones.

Los probióticos se utilizan la primera vez que haces yogur, pero después puedes sustituirlos por unas 3 o 4 C del yogur anterior.

Una vez pasado el tiempo de fermentación, deja que se enfríen del todo y guárdalos bien cerrados en la nevera.

Notas

- Para hacer estos yogures a mí me gusta utilizar la marca AROY-D en brik. De las leches de coco que he probado es con la que consigo mejor textura y sabor. No es ecológica, pero es muy fácil conseguirla en la mayoría de tiendas asiáticas y latinas. Con la leche de coco ecológica en lata nunca he obtenido los mismos resultados al preparar esta receta. Con el paso de los días en la nevera, mejora su sabor y su consistencia, pero aún así, prefiero la cremosidad de la de brik.
- Como probióticos yo utilizo Multidophilus de la marca Solaray, que tiene 10 mil millones de unidades en cada cápsula.

Dato nutricional

El kuzu es una raíz con innumerables propiedades terapéuticas ya que ayuda a combatir la acidez y el resto de problemas digestivos. También tiene efectos antigripales y es muy útil en la menopausia, al regular los niveles de estrógenos, gracias a su contenido en isoflavonas. En macrobiótica se utiliza para reducir la fiebre y conciliar el sueño.

COMPOTA DE MANZANA

Es una elaboración sencillísima que utilizo en unas cuantas recetas de este libro. La preparo haciendo al vapor varias manzanas peladas y troceadas hasta que están blanditas (puede tardar de 30 a 40 min dependiendo de la cantidad) y las trituro después. También puedes cocerlas con un poquitín de agua y, opcionalmente, añadirles una rama de canela, o también hornearlas y triturar luego su pulpa.

2 o 3 manzanas (o las que quieras)

canela (opcional)

Pela las manzanas, trocéalas y pon a cocer al vapor hasta que estén tiernas (pueden tardar unos 45 min). Después tritura la pulpa y, si quieres, añádele un poco de canela molida.

Guárdala en un tarro bien cerrado en la nevera, te durará prácticamente una semana.

Puedes añadirla al bol de desayuno, en los yogures o tomarla como postre, si quieres.

Nota

Yo no le añado nada, ni siquiera la canela, porque la utilizo en diferentes elaboraciones, como masas de pizza o crêpes saladas, y no quiero que tenga más que el sabor de la manzana.

QUESO UNTABLE DE ANACARDOS

Esta es otra de mis preparaciones básicas, y se trata de una especie de pasta con textura de queso de untar, pero sin ningún tipo de lácteo en su elaboración. Tiene un riquísimo sabor y es perfecto como dip, para untar tostadas, hacer de base cremosa en algunas recetas o lo que se te ocurra.

1 T de anacardos (130 g)

3 C de levadura nutricional

½ c de vinagre de manzana

¼ T de agua (60 ml)

1 C de AOVE

1 y ½ C de zumo de limón

½ c de sal marina

1 c de ajo en polvo

1 c de cebolla en polvo

La noche anterior pon en remojo los anacardos y por la mañana escúrrelos y lávalos bajo el grifo con agua limpia.

Pon todos los ingredientes en una batidora pequeña y tritura hasta conseguir una textura homogénea y cremosa.

MANTECAS O MANTEQUILLAS DE FRUTOS SECOS O SEMILLAS

Siempre tengo en mi nevera un tarro de cada una de estas mantecas. Se pueden mantener fuera de la nevera perfectamente, y, de hecho, su textura queda mucho mejor, porque es más líquida y más fácil añadirla de topping o en la elaboración de recetas. Yo las mantengo en la nevera para que me duren mucho más y no se me echen a perder. Cuando las voy a necesitar las saco un rato antes, separo lo que necesito para que tenga una textura más suave y las vuelvo a guardar.
Las mantecas que yo preparo son las siguientes, y normalmente utilizo unos 500 g aproximadamente para cada una.

- Almendras
- Cacahuetes
- Avellanas
- Tahini

PREPARACIÓN DE LAS DE FRUTOS SECOS

Las de almendras, cacahuetes y avellanas se preparan igual. Se tuestan los frutos secos en el horno precalentado a 180 °C durante unos 10 min aproximadamente (el tiempo exacto dependerá de cada horno), y tienen que tostarse ligeramente, no quemarse.

Luego se saca la bandeja y se deja enfriar. Seguidamente, se echan en una procesadora de alimentos y se trituran directamente hasta que se convierten en una manteca. Primero se formará una harina gruesa, luego verás que esta harina se empezará a pegar y poco a poco, con algo de paciencia, se irá formando la mezcla más líquida. Puede tardar hasta 10 min, y es importante que tu procesadora tenga la potencia para estar ese rato triturando.

Cuando esté lista, guárdala en un tarro que cierre bien. Puedes dejarla a temperatura ambiente, si la vas a consumir en los próximos días, o guardarla en el frigorífico para que no se estropee.

PREPARACIÓN DEL TAHINI

El tahini oscuro o tostado se prepara con semillas de sésamo que puedes tostar en una sartén, y así controlar mejor que no se quemen (es recomendable lavarlas antes, para que estén limpias, colarlas y luego tostarlas en la sartén poco a poco).

El tahini blanco se prepara con semillas de sésamo crudas y peladas (las blancas). Estas tienen un menor contenido en calcio, ya que este se encuentra en la cáscara, pero el tahini blanco me gusta utilizarlo bastante para preparar aliños y postres, al tener un sabor más suave y un color más clarito.

El procedimiento es el mismo para ambos, triturar hasta que se forma una manteca bastante líquida.

LEGUMBRES COCIDAS

Las legumbres son un básico que utilizo en muchas de mis recetas, ya que su alto contenido en proteínas las hace perfectas para sustituir los productos de origen animal. Pero, además, está comprobado que es un alimento clave para la sostenibilidad del planeta, ya que su cultivo requiere una mínima cantidad de agua. Por lo tanto, por favor... intenta incorporar más legumbres a tu dieta, ¡¡porque nuestro planeta y las futuras generaciones lo necesitan!!! Además, las legumbres son muy económicas... ¡y es tan fácil incorporarlas a cualquier receta, ya sea dulce o salada!

Pon en remojo las legumbres junto con un trozo de alga kombu (ayuda a romper la fibra de la legumbre) como mínimo 12 h (puedes dejarlas más, cambiando el agua al menos una vez).

Cuélalas, lávalas y ponlas en una olla con abundante agua (unas 4 veces la cantidad de legumbres) y el alga que hemos utilizado para el remojo, menos los garbanzos, que se incorporan cuando el agua ya está hirviendo para que queden más tiernos.

Llévalas a ebullición, mantenlas durante 5 o 10 min, quita la espuma que se forme y déjalas cocer a fuego medio-bajo, hasta que estén tiernas.

La sal échala al final, unos 10 min antes de terminar la cocción, para que no queden duras.

Tiempos aproximados de cocción

El tiempo de cocción de los garbanzos puede ser desde 1,5 h hasta más de 2 h, dependiendo de la variedad y del tiempo de remojo. Recuerda que estos son los únicos que se añaden a la olla cuando el agua ya está hirviendo. El tiempo de cocción para el resto de legumbres está entre 1 h o 2 y se echan a la olla junto con el agua fría. Las azukis necesitan unos 90 min de cocción.

PARMESANO VEGANO

Esta es una alternativa fantástica al queso rallado en polvo, si no quieres o no puedes consumir lácteos y te gusta añadir ese toque con sabor a queso a algunos platos. La primera vez que lo probé, me gustó muchísimo y aunque el sabor no se puede comparar, ya que no lleva los mismos ingredientes, en muchas ocasiones lo prefiero al original. Yo siempre tengo un tarro en la nevera, y te animo a probarlo porque puede que te sorprenda ¡y te encante tanto como a mí!

1 T de anacardos crudos (130 g)

3 y ½ C de levadura nutricional

½ c de ajo en polvo

½ c o algo menos de sal marina

Tritura todos los ingredientes en una procesadora o robot de cocina hasta que se forme una especie de harina. Guárdala en un bote hermético en el frigorífico. Dura mucho tiempo.

PAN DE ESPELTA INTEGRAL

Cuando no tengo pan en casa y dispongo de tiempo, me gusta preparar este pan casero de espelta integral, que está elaborado totalmente a mano, sin panificadora ni otras máquinas, y que, además, se conserva perfectamente durante un montón de días. Su ingrediente principal es la harina integral de espelta, a la que también le añado un poco de harina blanca de espelta, para conseguir esa textura de miga un poco blandita y esponjosa, y que no quede tan apelmazado. Es un poco laborioso al hacerse todo a mano, pero casi todo el tiempo invertido es tiempo de reposo, en el que puedes estar haciendo otras cosas... ¡y es tan satisfactorio cuando ves y pruebas el resultado final!

1 y ¼ T de leche de almendras (185 ml)

1 y ½ c de levadura de panadero instantánea (0,8 g)

⅓ T de copos de avena (35 g)

1 C de sirope de agave crudo

3 C de AOVE

2 T de harina de espelta integral (280 g)

1 y ¼ T de harina de espelta blanca (135 g)

2 C de lino molido (13 g)

1 c de sal (5,3 g)

2 C de semillas de calabaza (y algunas más para decorar)

2 C de semillas de girasol (y algunas más para decorar)

Calienta la leche de almendras hasta que esté templada, échala en un bol grande y añade la levadura, los copos de avena y el sirope. Deja reposar unos 10 min hasta que se formen burbujas. Mientras, ve preparando el resto de ingredientes.

Pasado el tiempo de reposo, añade el AOVE, las harinas, el lino molido y la sal y remueve con una cuchara de madera o de silicona. Añade también las semillas.

Espolvorea un poco de harina en una superficie de trabajo limpia y amasa la mezcla con la manos durante unos 5 min. Si se te pega en las manos, echa un poquito más de harina, pero ve de poco en poco, solamente para que te permita manipularla sin que se te pegue demasiado, ya que esta masa tiene que quedar blandita. También puedes untarte las manos con un poco de aceite, de esta manera se te pegará mucho menos.

Cuando esté lista, forma una bola con la masa y ponla en un bol grande, previamente untado de aceite, asegurándote de que queda untada de aceite por todos sus lados. Cubre con film transparente y un trapo limpio encima. Deja reposar 1,5 h como mínimo.

Pasado este tiempo, la masa habrá crecido el doble. Sácala y vuelve a amasarla 2 o 3 veces (esta vez ya no se pegará). Forra un molde, de unos 18 o 20 cm x 10 cm, con papel antiadherente y echa la masa en él, dándole la forma del molde. Vuelve a tapar con el film y el trapo y deja que vuelva a reposar 1,5 h más.

Cuando haya pasado ese tiempo, pon a precalentar el horno a 180 °C y pincela la superficie –como te explicaré a continuación– para que se peguen las semillas con las que vas a decorar el pan. Si no lo quieres decorar, puedes dejarlo como está.

la receta continúa en la página siguiente >

Nota

Guarda el pan envuelto en un paño limpio, y si quieres que te dure sin estropearse, a partir del segundo día, guárdalo en la nevera. Luego puedes consumirlo así o tostarlo, que es lo que a mí me gusta hacer.

Puedes hacerlo con clara de huevo, que queda perfecto (pero no sería una opción vegana) o con un poco de sirope de arroz, para que el pan sea totalmente vegano (aunque una vez horneado, la superficie queda dulce y un poco pegajosa).

Elijas lo que elijas, echa unas cuantas semillas por encima y asegúrate de que se quedan pegadas. Cuando el horno esté caliente, introduce el molde dentro y hornea a 180 °C con ventilador, durante unos 40 min, o hasta que esté dorado.

Cuando esté listo, saca el molde y deja que se enfríe unos 10 min. Después saca el pan del molde y ponlo en una rejilla para que se acabe de enfriar. No lo cortes hasta que no esté completamente frío. Puede tardar unas 2 h.

PAN DE SEMILLAS Y PASAS

Este es un pan muy especial por sus ingredientes, ya que no incluyo ningún tipo de harina entre ellos. Además, es realmente sencillo de preparar, ya que tampoco hay que amasar en ningún momento. ¡Solo mezclar, hornear y disfrutar!

1 T de almendras crudas (140 g)

1 T de semillas de calabaza (150 g) (divididas)

¼ T de semillas de lino enteras (35 g)

¼ T de semillas de lino molidas (20 g)

¼ T de semillas de sésamo crudo (35 g)

½ T de semillas de chía (85 g)

½ T de semillas de girasol (57 g)

½ T de pasas (40 g)

½ T de psyllium panificable (30 g)

3 C de AOVE

1 c de sal

1 y ½ T de agua templada (375 ml)

En primer lugar, pon a precalentar el horno a 180 °C mientras trituras las almendras y solamente ½ T de semillas de calabaza, hasta convertirlas en una especie de harina.

Pon el resultado en un bol y añade el resto de ingredientes, incluyendo la otra ½ T de semillas de calabaza (reserva algunas y también algunas de girasol para decorar el pan al final). Mezcla muy bien todos los ingredientes y echa la mezcla en un molde rectangular forrado con papel antiadherente (yo he utilizado uno de unos 20 x 10 cm).

Hornea durante 45 min. Pasado ese tiempo sácalo del molde, retira el papel y continúa horneándolo durante unos 20 min más, aproximadamente, encima de una rejilla. Cuando esté listo, sácalo y déjalo enfriar en la rejilla.

Variante

También puedes preparar crackers con esta receta, simplemente amasando bien fina toda la masa entre dos films transparentes y precortándola con un cortapizzas o cuchillo para señalar los cuadraditos. Hornea después a 180 °C con ventilador hasta que estén cocidos y crujientes (es posible que tengas que cortarlos si no quedan todos cocidos y acabar de hornearlos por separado durante unos cuantos minutos más).

CRACKERS

Los crackers caseros son de esas elaboraciones ultrasencillas que se pueden preparar con una gran variedad de ingredientes y nunca aburrirte de ellos. A mí me encanta todo lo crujiente, y estas son dos buenas y saludables alternativas para dejar preparadas y tener a mano cuando entran ganas de picotear algo de este estilo. Los primeros son de harina de espelta integral y semillas, y son perfectos para acompañar elaboraciones untables o dips. Los segundos son de mijo en grano, y además de ser perfectos también para acompañar ese tipo de preparaciones untuosas... ¡así solos están muy, muy ricos! Y son tan crujientes que si empiezas con uno, ¡luego no podrás parar!

ESPELTA

125 g de harina integral de espelta

60 g de nueces

12 g de pipas de calabaza

12 g de semillas de lino

12 g de pipas de girasol

30 ml de AOVE

½ c de sal marina (2,5 g)

60 ml de agua

15 g de semillas de sésamo

Tritura las nueces hasta convertirlas en una harina gruesa. Échalas en un bol y añade el resto de ingredientes. Mezcla muy bien y haz una bola.

Estírala con un rodillo en una superficie antiadherente hasta conseguir una lámina lo más fina posible. Córtala con un cortapizzas o cuchillo haciendo líneas verticales y horizontales, formando cuadraditos. Sepáralos y ve poniéndolos en una bandeja de horno forrada con papel antiadherente.

Pon a precalentar el horno a 170 °C y, cuando esté caliente, introduce la bandeja y hornea durante 20 o 25 min con ventilador.

Déjalos enfriar, comprueba que están crujientes y guárdalos en un recipiente hermético. Si no lo están, vuélvelos a hornear unos minutos más, pero, en principio, con ese tiempo se hacen siempre bien.

MIJO

½ T de mijo en grano (100 g)

1 hoja de laurel

1 y ½ T de agua (375 ml)

3 C de levadura nutricional

½ c de sal

1 C de AOVE

½ c de orégano

Pon a cocer el mijo lavado junto con el agua y el laurel. No le añadas sal y cuécelo a fuego bajo hasta que el agua se consuma totalmente. Luego, déjalo tapado un rato para que repose y se ablande un poco más.

Cuando esté listo, retira el laurel, deja que se enfríe un poco y añade el resto de los ingredientes. Mezcla bien con un tenedor.

Estira la masa con un rodillo encima de un papel de horno antiadherente, poniendo un film transparente entre la masa y el rodillo para que no se pegue. Deja la masa bien fina y estirada y haz líneas horizontales y verticales (formando cuadraditos) con un cortapizzas o un cuchillo de punta afilada.

Pon a precalentar el horno y, cuando esté caliente, pon encima de una bandeja de rejilla la masa que has estirado y cortado junto con el papel de hornear que tiene debajo. Hornea a 180 °C, con ventilador, durante 20 min o hasta que veas que los bordes empiezan a estar dorados.

Saca la bandeja, pero no apagues el horno. Separa todos los crackers, dales la vuelta, pon los del centro en los bordes, y al revés, y vuelve a introducir la bandeja en el horno con los crackers separados. Cierra la puerta del horno, espera unos segundos y apaga el horno. Déjalos ahí, con el horno apagado y el calor residual durante 1 h. De esta manera quedarán bien crujientes y no se quemarán.

Guárdalos en un recipiente hermético a temperatura ambiente. Duran varias semanas en perfecto estado.

SALSA DE TOMATE CASERA

La salsa de tomate casera se prepara de forma muy sencilla. Puedes aprovechar cuando los tomates están de temporada para hacer más cantidad y hacer conservas, o congelarla en porciones para ir utilizándola a medida que la necesitas. Este es uno de mis básicos imprescindibles y forma parte de muchas de mis recetas.

PARA 400-500 G

4 C AOVE

1 cebolla grande

1 zanahoria pequeña

¼ de pimiento rojo (30-40 g)

300 g de tomates maduros

200 g de tomates cherry

½ c de sal

unas gotas de vinagre de manzana

Primero escalda los tomates, haciéndoles una cruz en la piel e introduciéndolos unos segundos en una olla con agua hirviendo. Cuando los saques, espera a que se enfríen un poco para quitarles la piel sin quemarte. La piel saldrá sola. Retira el pedúnculo o parte central más dura, córtalos en trozos pequeños y reserva.

Echa el aceite en una sartén y, cuando esté caliente, añade la cebolla picada junto con la sal. Cuando esté transparente añade la zanahoria y el pimiento bien picados. Remueve de vez en cuando.

Cuando hayan pasado unos minutos, incorpora los tomates pelados y cortados a la sartén, junto con las gotitas de vinagre, y continúa cocinando unos 10 min, más hasta que los tomates estén cocidos.

Rectifica de sal y tritura la salsa para hacerla más fina.

Nota

Si aun utilizando tomates cherry notas la salsa un poco ácida, puedes añadir un poco de azúcar integral de caña o azúcar de coco para hacerla un poco más dulce.

Para conservarla

Yo la **congelo** en las porciones que quiero dentro de cubiteras, táperes, tarros o bolsas zip, y cuando la necesito la dejo descongelar en el frigorífico por la noche para tenerla al día siguiente. Otra opción es el **llenado al vacío**, que consiste en echar la salsa cuando está recién hecha, y muy caliente, en tarros de cristal limpios, hasta arriba del todo. Tienen que ser tarros con tapas que cierren muy bien. Luego simplemente hay que cerrar bien la tapa, ponerlos boca abajo y dejar que se enfríen del todo en esa posición. Verás que han hecho el vacío cuando les des la vuelta y veas que la tapa se ha quedado un poco metida hacia adentro, como si hubiese hecho ventosa. No es una conserva de larga duración, deberás consumirla en el plazo de un mes y medio o dos meses, pero aguanta perfectamente ese tiempo.
Hay una tercera opción, la más tradicional y conocida que consiste en hacer las **conservas al baño María**, hirviendo los tarros. Yo no la utilizo, pero con esta opción sí podrás preparar conservas de larga duración.

MASA DE ESPELTA INTEGRAL PARA PIZZA

Esta es una receta imprescindible en mi casa. Es superfácil y en muy poco tiempo la tendrás preparada, aunque siempre tienes que contar con el tiempo de reposo. Cuando la preparo para consumirla ese mismo día, siempre hago de más para guardar varias bolas de la masa en el congelador, envueltas individualmente. Así, cuando tengo menos tiempo y quiero preparar una rica y saludable pizza casera, siempre puedo utilizar mi base. Simplemente tienes que sacar la bola unos 30 o 40 min antes de prepararla, estirarla con el rodillo ¡y hacer la pizza con los ingredientes que más te gusten!
¡Hazla bien finita para que quede bien crujiente!

PARA 2 BOLAS O PIZZAS

170 g de harina de espelta integral ecológica

100 ml de agua templada

6 g de levadura fresca de panadero

1 C AOVE

½ c de sal

Primero disuelve la levadura en el agua, removiendo bien.

Pon la harina en un bol grande y ve echando el agua con la levadura disuelta, la sal y el AOVE.

Remueve bien y, cuando lo tengas todo mezclado, pon la masa sobre una superficie amplia para trabajar. Amasa durante unos 5 o 10 min. Tiene que quedar una masa flexible y que no se pegue en los dedos. Si ves que queda muy seca, le puedes añadir un poco de agua, pero con cuidado de no pasarte.

Con la masa haz una bola y vuelve a ponerla en el bol. Tápala con film transparente o tapa de silicona y déjala en un lugar cálido durante 1 h aproximadamente.

En ese tiempo la masa tiene que crecer el doble y ya podrás partir la bola en dos y hacer dos pizzas, estirándolas con un rodillo hasta que estén lo más finas posible.

Nota

Si no utilizas las dos bolas, puedes congelar una. O si, por el contrario, quieres preparar más (que es lo que yo hago siempre para luego congelarlas), solamente tienes que aumentar las cantidades y utilizarlas todas o guardar cada bola por separado para ir utilizándolas a medida que las necesites. Unos 30-45 min a temperatura ambiente serán suficientes para que la masa vuelva a estar como recién hecha.

VEGANESA CASERA

Esta salsa es la versión vegana de la clásica mayonesa. Está elaborada con leche de soja sin azucarar, porque, de todas las leches vegetales, es la que emulsiona mejor al batirla y la que mejor resultado da. No lleva huevo y puedes añadirla a cualquier plato en el que incluirías una mayonesa convencional. A mí me gusta añadirle un pequeño toque de ajo, pero este es totalmente opcional. Sobre todo fíjate bien en el truco de preparación para que nunca se te corte.

100 ml de leche de soja sin azucarar

200 ml de AOVE (y luego más para espesarla)

½ diente de ajo o 1 (si quieres darle más sabor)

1 y ½ o 2 C de zumo de limón

1 c de cebolla en polvo

sal marina al gusto

1 pizca de cúrcuma (para darle un toque amarillento)

Pon la leche vegetal en el vaso de la batidora junto con el resto de ingredientes, menos el aceite.

Ahora, con el vaso inclinado (importante para que no se mezclen los líquidos), ve añadiendo poco a poco el aceite para que quede en la parte de arriba. Esta es la clave para que no se te corte.

Pon la minipimer en el fondo, y sin moverla en absoluto, empieza a batir. En unos 20 o 30 segundos verás que empieza a espesar un poco y que se va volviendo más densa.

Así ya tendrás una salsa ligera, pero si la quieres más espesa, solo tienes que continuar batiendo mientras vas añadiendo poco a poco más AOVE.

Cuidado con no pasarte, porque puede llegar a quedar demasiado densa.

Nota

Si prefieres que tenga un sabor más suave, utiliza un aceite más ligero o de sabor más suave, como el de girasol. Solo asegúrate de que sea de calidad y de primera presión en frío.

ACEITES MACERADOS

Los aceites macerados o aromatizados pueden dar un toque mágico y especial a muchos platos de nuestro día a día. Unas simples gotitas por encima pueden convertir cualquier receta en una exquisitez. Además, es una muy buena manera de aprovechar las hierbas aromáticas frescas que nos hayan sobrado de alguna otra preparación, y así evitar que se nos echen a perder. Es tan fácil como coger una botellita o frasco de boca un poco ancha, echar AOVE y, a partir de ahí, añadir prácticamente lo que queramos. Puedes echar especias, hierbas, piel de frutas, chiles o guindillas, etc. Los aceites que incluyen dientes de ajo pelados, y/o alguna o varias guindillas para darle un toque picante, siempre quedan estupendos.

Yo los preparo echando 1 T (250 ml) de AOVE en el tarro o botella y, a partir de ahí, lo que tengo a mano.

Si vas a utilizar hierbas frescas es muy importante lavarlas antes y secarlas muy, pero que muy bien, para que no quede ningún resto de humedad y evitar que aparezca moho después. Una vez las laves y seques, déjalas al aire libre un buen rato más para asegurarte.

Algunas de las combinaciones que hago siempre con 250 ml de AOVE son estas:

- 4 guindillas, 6 granos de pimienta y 4 o 5 dientes de ajo troceados.
- 3 o 4 ramitas de romero fresco (y opcional 2 o 3 dientes de ajo troceados).
- 1 rodaja gruesa de jengibre pelado, 2 tiras de piel de limón y ⅓ T de menta fresca.
- 2 o 3 ramitas de romero y 2 o 3 dientes de ajo (o solamente el romero sin el ajo).

Déjalo bien tapado en un lugar oscuro y revísalo a las dos semanas para comprobar que todo está correcto. Luego déjalo dos semanas más para conseguir un sabor más intenso.

Fíltralo y disfrútalo a tu ritmo. Dura muchísimo.

PASTA DE CURRY ROJO

Hasta hace un tiempo, yo siempre había utilizado pasta de curry rojo industrial para elaborar algunos de los platos exóticos que tengo en la web. Pero desde que fui a Tailandia, y aprendí a preparar esta pasta, la hago yo misma y la congelo después en porciones para ir utilizándola cuando la necesito. Se elabora con ingredientes originarios de allí, pero muchos los puedes encontrar en tiendas asiáticas especializadas. Sé que es una receta muy especial, pero quería compartirla contigo por si tienes interés en prepararla. Si no, como te digo, es muy fácil encontrarla ya preparada, en tiendas asiáticas.

PARA 4 C COLMADAS U 8 C RASAS

20 chilis secos (de unos 4 o 5 cm)

2 C de semillas de cilantro

½ c de semillas de comino

4 C de chalotas o cebolla roja picada

2 C de sal marina

8 dientes de ajo

4 C de tallos de cilantro fresco

1 C de piel de lima rallada

4 C de lemongrass picado (la parte blanca)

4 rodajas de jengibre

8 granos de pimienta negra

Primero, abre los chilis y retira las semillas y el rabito. Ponlos en remojo durante unos 30 min.

Pon en una sartén los granos de pimienta y las semillas de cilantro y comino y saltéalos 2 o 3 min a fuego medio-bajo, para que suelten los aromas. Cuidado no se quemen.

Luego, escurre los chilis, échalos en una batidora o procesadora potente y tritúralos junto con el resto de ingredientes hasta formar una pasta homogénea.

Tiene que quedar una pasta densa, pero si necesitas añadir un poco de líquido, porque tu batidora o procesadora no puede triturarlos, añade un poquito del agua del remojo de los chilis, aunque es preferible no tener que echar ninguna.

PESTO VEGANO

Es muy fácil y rápido hacer tu propio pesto en casa, y tiene la ventaja de que puedes añadirle lo que te gusta o restarle algún ingrediente que no te acabe de convencer o te siente mal. A mí no me gusta incluir ajo en los pestos, porque hace tiempo comprobé que con la combinación de la albahaca no me acababa de sentar bien y se me repetía todo el tiempo. Pero, en cambio, el sabor del pesto me encanta, así que la única manera de hacerlo a mi gusto, sin esos ingredientes que a mí me molestaban... ¡era haciendo mi propia receta! Aquí te la dejo, no lleva ajo ni ingredientes de origen animal, y aún así está riquísima, pero si a ti sí te gusta con ajo, no dejes de incluirlo, ¡seguro que queda estupendo!

20-30 g de hojas de albahaca

¼ de nueces crudas (20 g)

¼ de anacardos crudos (30 g)

1 y ½ C de levadura nutricional

¼-½ c de sal marina

1 c de zumo de limón

1 puñadito de rúcula fresca

½ T de AOVE (125 ml) (y luego más para conseguir la textura deseada)

Tritura todos los ingredientes muy bien en una batidora y, cuando estén batidos, ve añadiendo más AOVE hasta conseguir la textura y el sabor propios de un pesto.

Es posible que tengas que rectificar algún ingrediente una vez lo hayas mezclado todo.

CALDO

El caldo casero es una elaboración que no puede faltar en nuestros básicos de la semana, ya que es muy sencillo de preparar y nos alegrará muchas recetas con sus nutrientes y su sabor. He hecho una lista con algunas hortalizas bastante básicas, para que tengas idea de las proporciones que yo utilizo y de la cantidad que obtendrás. Pero anímate a hacer tus propias combinaciones utilizando otras a tu gusto o aprovechando lo que tengas en la nevera o lo que te sobre al pelar y cortar hortalizas para otras recetas. Puedes añadirle también las hierbas aromáticas frescas o secas que prefieras, como tomillo o romero, laurel, cilantro, orégano, etc. ¡Encuentra tu combinación favorita!

PARA 1,3-1,5 L (UTILIZA 1 KG DE HORTALIZAS COMO MÍNIMO)

1 o 2 cebollas

1 o 2 tallos de apio

2 chirivías

1 trozo de col

3 o 4 dientes de ajo

1 nabo

1 o 2 puerros

1 C AOVE

2 l de agua

2 c de sal

Echa 1 C de AOVE en una olla grande y, cuando esté caliente, ve añadiendo las verduras troceadas. A fuego medio ve removiendo de vez en cuando durante unos 10 min.

Añade entonces el agua y la sal, lleva a ebullición, baja el fuego y deja cocer, medio tapado, durante 1 h.

Una vez colado, obtendrás de 1,3 a 1,5 l de caldo recién hecho.

APERITIVOS Y ENTRANTES

- Untable de guisantes y alcaparras
- Bolitas de garbanzos y quinoa
- Tostadas de boniato con pesto
- Taquitos rellenos de cochayuyo y vegetales
- Chupitos de melón y menta
- Croquetas de mijo y shiitake con salsa de pera, aguacate y cilantro
- Bhajis de zanahoria y calabacín con chutney de albaricoques y dátiles
- Tapenade de aceitunas negras y alga nori
- Timbal de polenta y avena con champiñones y espinacas
- Cogollos a la plancha con picadillo de melocotón y nori
- Minifrittatas con aromas de la India
- Tartaletas sin gluten con relleno de acelgas y champiñones
- Ensaladilla de tempeh

UNTABLE DE GUISANTES Y ALCAPARRAS

Los patés, cremas y untables son siempre tentadores y no pueden faltar a la hora de preparar un buen picoteo. En el mercado hay montones de opciones ya elaboradas, pero prepararlas en casa, con ingredientes de verdad, es mucho más sencillo y rápido de lo que te imaginas. A mí me encanta experimentar con nuevos sabores, y este untable, con su alto contenido en proteína vegetal, es perfecto para rellenar sándwiches o simplemente untar tostadas, que luego podrás adornar con otros vegetales frescos.

PARA 2 O 3 TOSTADAS

½ T de garbanzos cocidos (90 g)

½ T de guisantes cocidos (90 g)

2 C de cebolla morada picada

2 C de col lombarda picada

2 C de alcaparras

2 C de yogur de soja

2 c de vinagre de arroz

2 c de cebolla en polvo

½ c de ajo en polvo

1 C de AOVE

2 C de albahaca fresca picada

sal

gotitas de limón (opcional)

Deja cocer los guisantes durante 5 min en agua hirviendo (tanto si son frescos como congelados).

Échalos en un bol junto con los garbanzos cocidos y aplástalos bien con un tenedor, o tritúralos con una picadora hasta formar una mezcla homogénea.

Añade el resto de ingredientes y mezcla muy bien.

Rectifica de sal o cualquier otro ingrediente a tu gusto.

Nota

En la foto lo he servido con el pan de semillas que encontrarás en la página 33.

Dato nutricional

La combinación de dos tipos diferentes de legumbres, hace que el aporte nutricional de este untable sea mayor. Los garbanzos contienen proteína completa. Añadiendo los guisantes aportaremos al plato un extra de clorofila y más variedad de vitaminas y minerales.

BOLITAS DE GARBANZOS Y QUINOA

No hay aperitivo que entre más por los ojos que el que va servido y adornado de manera bonita, ¿verdad? Así que para que tengas alguna idea más, he preparado estas bolitas sencillísimas, y totalmente vegetales, con legumbres, cereales y fruta. ¡Una opción de picoteo irresistible que sin duda todos se animarán a probar!

13-15 UNIDADES

1 T de garbanzos cocidos (180 g)

½ T de quinoa cocida (75 g)

2 c de orégano

3 C de levadura nutricional

2 C de AOVE

¼ T de pimiento asado (55 g)

1 c de cebolla en polvo

sal

semillas de sésamo (para rebozar)

Para servir

15 arándanos

1 manzana verde ácida

mermelada al gusto

Tritura todos los ingredientes menos las semillas de sésamo.

Cuando tengas una masa homogénea, forma bolitas con las manos y rebózalas en el sésamo.

Hornea durante unos 10 min a 180 °C hasta que las bolitas empiecen a estar un poco doradas (ten cuidado de no pasarte para que no te queden muy secas).

Corta la manzana en laminas con la piel, y corta cada lamina en 4 partes, una para cada bolita.

Coge un palillo, ensarta un arándano, luego una bolita y finalmente un trozo de manzana.

Consejo

Es una masa blanda pero, si te humedeces las manos, te será mucho más sencillo darles forma.

Notas

- Ya tienen el toque dulce de la manzana, pero, si quieres, puedes añadir un poco de mermelada encima de cada bolita.
- La combinación de garbanzos y quinoa, ambos alimentos con proteína completa, hacen que cada una de estas bolitas sea un bocado nutritivo, y también fresco gracias a la manzana.

TOSTADAS DE BONIATO CON PESTO

Estas tostadas vegetales son perfectas para quienes quieran evitar el pan, o reducir su consumo. Son un perfecto ejemplo de 'comida real', ya que aparte de cortarlas y hornearlas, no requieren ninguna otra manipulación ni procesado para consumirlas. Por lo tanto, constituyen una opción fantástica para incluir en nuestra dieta ¡y en nuestro proyecto de comer cada día de manera más saludable!

1 boniato mediano por persona

pesto (pág. 43)

rúcula

tomates cherry

parmesano vegano (pág. 30)

Pon a precalentar el horno a 180 °C. Mientras tanto, pela el boniato y córtalo en láminas longitudinales de algo menos de 1 cm.

Pon las rodajas en una parrilla y hornéalas unos 20 o 25 min. Pínchalas para comprobar que estén tiernas.

Deja que se enfríen un poco y úntalas con pesto. Añade rúcula, tomates y un poco de parmesano vegano.

Esta combinación queda riquísima por la mezcla dulce del boniato y el potente sabor del pesto. Aunque a estas tostadas puedes ponerles lo que más te apetezca, sea dulce o salado.

Dato nutricional

El boniato es un tubérculo muy rico en betacarotenos (provitamina A) y ácido fólico. Es muy beneficioso para la salud ocular y además fortalece el sistema inmunitario, por lo que es ideal consumirlo cuando se acerca el frío y durante todo el invierno.

TAQUITOS RELLENOS DE COCHAYUYO Y VEGETALES

Prepárate para sorprender a los tuyos con unos taquitos rellenos de... ¡algas! Pero no se lo cuentes a nadie... porque te aseguro que ninguno de tus amigos o familiares se dará cuenta de lo que está comiendo, hasta que tú lo quieras compartir. El alga cochayuyo es una buena fuente de nutrientes. Tiene una textura carnosa y un aspecto muy diferente al resto de algas que puedas conocer, además, una vez cocida no tiene un sabor fuerte, lo que hace más sencillo camuflarla en muchos platos, sobre todo si llevan especias como en este caso. Debajo de la receta te cuento más sobre este interesante ingrediente, y también encontrarás cómo preparar las sencillas y deliciosas tortillas de maíz caseras.

COCHAYUYO CON VEGETALES

8 PORCIONES

1 y ¼ T de alga cochayuyo seca (unos 30 g)

3 C de AOVE

2 cebollas

4 dientes de ajo

6 o 7 champiñones

1 pimiento rojo grande

1 pimiento verde mediano

1 zanahoria

2 tomates maduros pelados

½ T de caldo vegetal (125 ml)

¼ T de salsa de tomate (60 ml) (pág. 37)

2 c de comino molido

¾ c de canela molida

1 c de pimentón ahumado de la Vera

¼-½ c de chili molido (dependiendo de lo que te guste el picante)

sal

4 C de levadura nutricional

Para hacer el guiso de cochayuyo, pon en remojo el alga unas 2 h y luego cuécela en abundante agua hirviendo durante 20 min.

Mientras tanto, echa el aceite en una sartén honda, y, cuando esté caliente, añade la cebolla laminada y un poco de sal. Cuando esté transparente, añade los ajos prensados o picados finos y sofríelos durante unos segundos.

Añade los champiñones laminados, los pimientos picados finos y la zanahoria rallada gruesa. Deja que todo se cocine durante unos 10 min removiendo de vez en cuando.

Incorpora los tomates pelados y troceados, el alga cocida y escurrida, y la salsa de tomate. Remueve todo para que se mezcle. Luego añade el caldo, todas las especias y continúa con la cocción, removiendo de vez en cuando, hasta que prácticamente no quede líquido y todo esté tierno.

Rectifica de sal o de alguna especia para darle más sabor y si lo notas ácido por los tomates, echa una pizca de azúcar integral para rectificar esa acidez. Añade la levadura nutricional para darle más sabor a la mezcla y aumentar sus propiedades nutricionales.

la receta continúa en la página siguiente >

TORTILLAS DE MAÍZ

8 UNIDADES

1 T de harina de maíz precocida (130 g)

⅔ T de agua (160 ml) (y algo más si se necesita)

¼ c de sal

Para hacer las tortillas, mezcla todos los ingredientes hasta conseguir una masa con consistencia de plastilina suave. Si se rompe al formar la tortilla, añádele un poco más de agua.

Divide la masa en partes iguales y estiralas con un rodillo entre dos láminas de film transparente para que no se pegue. Retira con cuidado y ponla directamente en una sartén de hierro caliente hasta que empiece a dorarse. Dale la vuelta y repite el mismo procedimiento con cada tortilla.

COMPOSICIÓN

aguacate, tomates cherry y cilantro fresco

queso rallado o en polvo al gusto (vegetal para que la receta sea vegana)

Rellena las tortillas con el guiso que has cocinado y sírvelas calientes con un poco de queso para fundir. Yo he montado los tacos directamente en una bandeja de horno y los he gratinado hasta que el queso se ha empezado a fundir a los pocos minutos.

Después retira y sirve con aguacate, tomates cherry y cilantro fresco por encima.

Si quieres enriquecer el relleno, puedes añadir algo de legumbre cocida al final de la cocción y mezclarlo bien.

Variante

En vez de tacos, también puedes preparar un bol con el guiso de cochayuyo, acompañado de arroz integral o quinoa y los toppings sugeridos.

Dato nutricional

El alga cochayuyo comparte con el resto de algas marinas su efecto depurativo, al ayudar a eliminar toxinas y metales pesados del organismo gracias a su contenido en ácido algínico. Es, además, muy rica en minerales, sobre todo en yodo y en hierro, y tiene un interesante contenido en proteínas y fibra, lo que la hace especialmente útil en casos de estreñimiento.

En mi web

Si te gusta el sabor de la comida mexicana, no puedes perderte mis deliciosas "fajitas de tofu"... ¡con todos sus acompañamientos! Son deliciosas, así que ve corriendo a *www.deliciaskitchen.com* y busca la receta completa allí.

Notas

- Nuestros queridos hermanos mexicanos en vez de usar un rodillo para hacer las tortillas, usan unas sencillas prensas de hierro fundido o aluminio con las que hacen las tortillas perfectamente redondas y en muy poco tiempo. Si te gusta prepararlas en casa, puede ser algo interesante a tener en cuenta.
- Encontraras fácilmente la harina de maíz precocida en tiendas de productos latinos o en cualquier gran superficie.

CHUPITOS DE MELÓN Y MENTA

¿Quién puede resistirse a un refrescante y delicioso chupito vegetal en una reunión o comida de verano? Esta ya clásica combinación de sabores acepta que le demos nuestro propio toque personal. A mí me encanta con un toque de jengibre y sin nada de sal añadida, ya que añadiendo tan solo un poco de vinagre de umeboshi, un producto completamente natural y muy beneficioso para nuestra digestión, le estaremos aportando el toque salado a la receta. No olvides la menta o hierbabuena, imprescindibles para que esta receta sea... ¡un básico del verano!

4 CHUPITOS

2 T de melón troceado (320 g)

½ T de pepino troceado (70 g)

2 C de yogur vegetal sin azucarar

1 y ½ c de zumo de limón

1 rodajita de jengibre fresco

1 C de AOVE

1 y ½ c de vinagre de umeboshi

½ T de hojas de menta fresca (y algunas más para decorar)

Echa todos los ingredientes en una batidora potente y tritura hasta conseguir una textura suave y sedosa.

Decora con algunas hojas de menta y unas gotitas de AOVE.

Variante

Si quieres hacer esta receta más completa, puedes añadirle ⅓ de T de judías blancas y ½ c más de zumo de limón. La receta queda buenísima también y, además, al añadir legumbre estarás enriqueciendo cada chupito con una buena proteína vegetal.

CROQUETAS DE MIJO Y SHIITAKE CON SALSA DE PERA, AGUACATE Y CILANTRO

(utilizando pan rallado sin gluten)

Las croquetas siempre han formado parte de nuestra tradición y a todo el mundo le entusiasman. Así que no será difícil convencer a cualquiera para que pruebe estas crujientes y saludables croquetas elaboradas con mijo en grano y setas shiitake. ¡Acompáñalas con la sencilla y rica salsa de aguacate, pera y cilantro para hacerlas más sabrosas!

CROQUETAS DE MIJO Y SHIITAKE

16 UNIDADES

½ T de mijo en grano (100 g)

1 y ½ T de agua mineral (375 ml)

2 C de AOVE

2 cebollas medianas

1 zanahoria pequeña

6 setas shiitake

2 c de comino molido

3 C de leche de almendras o cualquier otra leche vegetal (pág. 24)

sal

Rebozado

5 C colmadas de harina de garbanzo

10 C de agua

pan rallado

Primero lava bien el mijo, escúrrelo y ponlo a cocer en agua hasta que se consuma todo el líquido. Reserva.

Mientras tanto, corta las cebollas en juliana y sofríelas con el aceite y un poco de sal en una sartén, hasta que estén traslúcidas. Añade la zanahoria pelada y cortada también en juliana muy finita.

Deja que se hagan unos 5 min medio tapadas (puedes añadir 1 o 2 C de agua para que no se quemen), y añade las shiitake limpias y cortadas en trocitos pequeños. Remueve y espera unos minutos hasta que la zanahoria y las shiitake estén hechas.

Añade el mijo cocido, el comino y la leche vegetal. Mezcla y rectifica de especia o de sal. Deja enfriar un poco.

Prepara el rebozado mezclando la harina de garbanzo y el agua hasta que no queden grumos. Reserva.

Cuando ya puedas manipular la mezcla de las croquetas, ve cogiendo cantidades pequeñas del tamaño de una cuchara para darles forma. Rebózalas en el preparado de harina de garbanzo, y vuelve a rebozarlas en un plato con pan rallado.

Echa AOVE en una sartén y, cuando esté caliente, introduce las croquetas de una en una. Cuando estén doradas por un lado dales la vuelta, y solo sácalas cuando estén doradas por ambos lados.

SALSA DE PERA, AGUACATE Y CILANTRO

1 puñadito de hojas de cilantro fresco

½ c de vinagre de arroz

½ c de zumo de limón

¼ T de aguacate en su punto (45 g)

2 C de yogur vegetal

1 pera conferencia madura

½ c de comino molido

sal

La salsa se prepara batiendo muy bien todos los ingredientes hasta conseguir una textura fina y homogénea.

¿Sabías que... ?

El mijo aporta a estas croquetas una alto contenido en hierro. Por su parte las setas shiitake aportan cobre, un mineral que refuerza el sistema inmunitario.

Variantes

Croquetas: Puedes hacerlas horneadas, añadiendo 2 C de compota de manzana (pág. 28) a la mezcla para que queden más jugosas. Rebózalas directamente en el pan rallado, sin preparar la mezcla con la harina de garbanzo. Luego pincela la superficie con un poco de AOVE y hornéalas hasta que empiecen a dorarse (de 20 a 30 min a 200 °C).
Salsa: Si no te gusta el cilantro y quieres darle a la salsa otro sabor, puedes sustituirlo por ½ c de curry en polvo.

BHAJIS DE ZANAHORIA Y CALABACÍN CON CHUTNEY DE ALBARICOQUES Y DÁTILES

Los bhajis son una especie de buñuelos de verduras elaborados con harina de garbanzos, que se comen fritos. Yo prefiero prepararlos al horno acompañados de un riquísimo chutney. En casa nos peleamos por ellos cuando los preparo. ¡Así que espero que triunfen en la tuya también!

BHAJIS

PARA 3-4 PERSONAS

300 g de zanahorias

160 g de calabacín

150 g de cebolla

100 g de harina de garbanzos

2 c de comino molido

2 c de cilantro seco molido

½ c de chili en polvo

2 C de agua mineral

2 C de AOVE

sal

Ralla grueso la zanahoria y el calabacín y corta en láminas finas la cebolla. Corta por la mitad y ponlo todo en un bol.

Añade la harina de garbanzos, las especias, el agua, la sal y el AOVE. Mézclalo todo muy bien, removiendo unas cuantas veces para que quede todo bien compacto.

Precalienta el horno a 180 °C y pon la mezcla en una bandeja forrada con papel antiadherente (más o menos 1 C por bhaji). Aplasta la mezcla un poco con una cuchara, ya que cuanto más fina sea mejor y más rápido se cocerá.

Hornea durante unos 25 min con ventilador hasta que estén dorados.

CHUTNEY DE ALBARICOQUES Y DÁTILES

250 g de albaricoques maduros

¼ c de canela molida

3 vainas de cardamomo

½ c de semillas de cilantro

¼ c de comino molido

1 rodaja de jengibre fresco

½ cebolla

2 C de vinagre de arroz

3 dátiles medjoul

sal

Pon las vainas de cardamomo en un mortero y machácalas para separar las semillas de la cáscara. Retira las cáscaras y añade las semillas de cilantro. Machácalo todo bien.

Pica la cebolla en juliana fina y échala en un cazo con el jengibre rallado, los dátiles y los albaricoques deshuesados y troceados (los albaricoques en cuartos y los dátiles picados finos) junto al resto de ingredientes.

Cuécelo todo a fuego medio al principio y bájalo después hasta que la fruta esté cocida y tierna (unos 20 o 30 min).

Deja enfriar y pon solo un poco de chutney encima de cada bhaji cuando los sirvas. Decora con sésamo y cilantro o menta.

No dejes de probarlo

El chutney es una receta hindú, ideal para acompañar y aportar jugosidad y sabor a muchos platos. Se puede elaborar con casi cualquier hortaliza y/o fruta, ¡y siempre queda riquísimo!

TAPENADE DE ACEITUNAS NEGRAS Y ALGA NORI

Como fan número uno que soy de las aceitunas negras, no podía dejar de incluir en este libro uno de los patés más famosos y populares que se elabora con ellas: el tapenade. Es uno de mis patés favoritos, y, aunque la receta original incluye anchoas, en esta le daremos ese toque marino sustituyéndolas por alga nori, ¡y queda buenísimo!

1 TARRO DE UNOS 150 ML

100 g de aceitunas negras deshuesadas

1 C de alcaparras

1 C de AOVE

2 C de alga nori troceada

½ c de hierbas provenzales

Tritura todos los ingredientes hasta conseguir una mezcla homogénea.

Sirve con tostadas, crackers, canapés, etc.

¿Sabías que... ?

No hay diferencia entre las aceitunas verdes y las negras, ambas son la misma. Es decir, no son variedades distintas sino que se diferencian por su grado de maduración. La aceitunas verdes lo son porque no están maduras, y por eso también son un poco más amargas.

En mi web

Si te gustan los untables vegetales y quieres alguna otra idea, te recomiendo mi "paté de shiitake con manzana y curry". Lo encontrarás en *www.deliciaskitchen.com* y además de estar delicioso, al tomarlo, estarás reforzando tu sistema inmunitario, gracias a las fantásticas propiedades de las setas shiitake.

TIMBAL DE POLENTA Y AVENA CON CHAMPIÑONES Y ESPINACAS

(utilizando avena certificada sin gluten)

Los timbales recuerdan, por su forma, a un pastelito salado, y pueden ser de cualquier cosa que se te ocurra. Yo preparo este con polenta y avena, y lo acompaño con una mezcla de espinacas y champiñones. El toque de pimentón de la Vera le da un sabor maravilloso, ¡y es una receta rápida que tendrás lista en muy poquito tiempo!

PARA 2 PERSONAS

¼ T de polenta o sémola de maíz (40 g)

¼ T de copos de avena finos (23 g)

½ c de sal

1 c de cebolla en polvo

1 C de levadura nutricional

1 T de agua (250 ml)

Para el acompañamiento

2 C de AOVE

1 cebolla

1 diente de ajo

125 g de champiñones

2 puñados de espinacas

¼ T de nata vegetal (60 ml)

¼-½ c de pimentón de la Vera

sal

copos de chili y aguacate para decorar (opcional)

En una sartén, sofríe primero, con el aceite, la cebolla laminada con un poco de sal y, cuando esté traslúcida, añade el ajo prensado, luego los champiñones laminados y finalmente las espinacas.

Añade la nata y el pimentón, y remueve todo bien. Tapa y reserva.

Deja cocer la polenta en una olla con todos los ingredientes de la lista del timbal.

Cuando esté listo, divide el resultado en dos aros de emplatar y échale encima la preparación anterior. Saca el aro y decora con un poco de aguacate y copos de chili si te apetece un toque picante.

Dato nutricional

La sémola de maíz o polenta, que se elabora simplemente triturando los granos de maíz, es un alimento rico en minerales: potasio, magnesio y calcio, y en vitaminas del grupo B y betacarotenos. Es importante comprarlo ecológico para asegurarnos de que no ha sido modificado genéticamente, ya que en los cultivos convencionales hay variedades modificadas para que sean más productivas y más resistentes a los pesticidas.

En mi web

Si te gusta tanto como a mí el sabor del maíz, en *www.deliciaskitchen.com* tengo unas cuantas recetas que te encantarán. Una de ellas es una exquisita “sopa de maíz con frijoles y coco”, que tiene un delicioso toque mexicano.

COGOLLOS A LA PLANCHA CON PICADILLO DE MELOCOTÓN Y NORI

¡Me encanta preparar esta receta! Es supersencilla y perfecta para sorprender a los tuyos con un refrescante entrante o acompañamiento.
Al hacer los cogollos de lechuga a la plancha, estos quedan con un rico sabor a tostadito que no tienen cuando los comemos al natural. Es un simple toque que te llevará pocos minutos, pero que marcará la diferencia. Si no los has probado aún, este puede ser un buen momento para hacerlo... y el picadillo es ¡el topping perfecto para acompañarlos!

PARA 2 PERSONAS

2 cogollos de lechuga

½ T de melocotón amarillo picado (120 g)

⅓ T de cebolla morada picada (35 g)

¼ T de pimiento rojo picado (30 g)

1 diente de ajo

1 C de zumo de lima

½ T de tomate maduro picado (80 g)

4 o 5 aceitunas negras tipo de Aragón

½ c de salsa Sriracha o chili en polvo (más o menos dependiendo de tu gusto por el picante)

1 c colmada de miel

¼-½ c de comino molido

2 C de alga nori cortada en trocitos o tiras finas

2 C de cilantro fresco picado

sal

nueces picadas al gusto (para decorar)

1 yogur vegetal sin azucarar (topping)

rectificar de sal y de lima al final

Echa en un bol el melocotón, el pimiento, la cebolla, las aceitunas y el tomate picados en cuadraditos muy pequeños. Añade el ajo prensado y el resto de ingredientes (menos los cogollos) y mezcla muy bien. Reserva en la nevera.

Limpia los cogollos, córtalos por la mitad, échales un poco de sal y ponlos en la plancha bien caliente, en la que habrás puesto unas gotas de AOVE. Ásalos unos minutos a fuego medio hasta que empiecen a dorarse.

Sirve los cogollos con el picadillo por encima, un poco de sal gruesa y unas gotitas de lima si te apetece.

Veganiza esta receta

Sustituye la miel por sirope de arroz o de agave.

MINIFRITTATAS CON AROMAS DE LA INDIA

(utilizando avena certificada sin gluten)

La frittata no es más que la versión italiana de una tortilla enriquecida con vegetales, quesos y cualquier otro ingrediente. Esta receta es una estupenda opción para servirla de manera individual en cualquier fiesta, y ofrecer a tus invitados una ración de proteína de calidad como es el huevo, con un ligero toque exótico... ¡¡¡que seguro que sorprende a más de uno!!!

4-5 UNIDADES

1 C de AOVE

4 huevos

100 ml de leche de avena casera espesa (pág. 24)

1 cebolleta grande (con su parte verde)

2 dientes de ajo

1 o 2 champiñones

2 tomates cherry

1 c de sal

1 pizca de cúrcuma

1 c de semillas de cilantro molidas

2 c de comino molido

Pica toda la cebolleta bien fina y sofríela en una sartén junto con el aceite caliente hasta que empiece a dorarse. Repártela en los recipientes que vas a utilizar para hornear.

En un bol echa los huevos, la sal, la leche de avena, las especias y los ajos prensados, y bátelo todo muy bien. Echa la mezcla en los recipientes que has preparado antes, teniendo cuidado de repartirla bien.

Añade los champiñones laminados y alguna rodaja de tomate cherry para decorar.

Precalienta el horno a 180 °C, y hornea unos 20 min hasta que estén cuajadas y veas que están hechas.

Notas

- Si los recipientes no son de silicona, tendrás que engrasarlos o forrarlos con papel antiadherente para que no se pegue la mezcla y sea más fácil de desmoldar después.
- Si la leche no la preparas en casa o tienes problemas para encontrarla certificada sin gluten, utiliza alguna otra bebida vegetal densa o cualquier otra nata de soja, arroz o frutos secos.

IMPORTANTE

Elije siempre huevos ecológicos cuando vayas a comprar, son los que empiezan por 0 en la numeración que tienen grabada en la cáscara. Son un poco más caros pero te aseguras de que las gallinas que ponen esos huevos están criadas en libertad y alimentadas a base de piensos ecológicos. Esos huevos tendrán más nutrientes, y un sabor y una energía muy diferentes.

TARTALETAS SIN GLUTEN CON RELLENO DE ACELGAS Y CHAMPIÑONES

(utilizando avena certificada sin gluten)

Las tartaletas siempre aportan un toque festivo a cualquier mesa y ocasión. Y si las preparas con una buena base casera, con mucho cariño y con buenos ingredientes naturales, ¡tus invitados lo notarán!

Preparar después el relleno será algo tan fácil como hacer una mezcla con tus ingredientes favoritos, aunque yo aquí te propongo una sencilla combinación.

Espero que te gusten y compartas muchas tartaletas... ¡y muchos buenos momentos con los tuyos!

6 UNIDADES

1 T de almendra molida (100 g)

1 T de harina de avena (100 g)

4 C de AOVE

2 C de semillas de lino

4 C de agua

1 c de sal

Relleno

1 cebolla mediana

2 C de AOVE

4 champiñones

4 hojas de acelga

7 u 8 C de nata vegetal

6 tomates cherry

½ T de queso para fundir tipo emmental o mozzarella o una mezcla de ambos (60 g)

sal

orégano seco al gusto

En primer lugar tritura las semillas de lino y mézclalas con el agua. Deja reposar mientras preparas el resto de ingredientes de la masa y precalientas el horno.

Cuando los tengas, mézclalo todo muy bien, incluido el lino remojado.

Engrasa con un poco de aceite los moldes que escojas para las tartaletas, y mételas en el horno con ventilador durante 20 min o hasta que empiecen a dorarse.

Mientras tanto prepara el relleno. Corta la cebolla en láminas y ponla en una sartén junto con el aceite ya caliente y un poco de sal. Cuando esté traslúcida, añade las hojas de acelga bien picadas y los champiñones laminados. Cocina hasta que todo empiece a reblandecerse y a dorarse. Añade la nata vegetal, rectifica de sal y apaga el fuego.

Cuando las tartaletas estén listas, sácalas del horno y rellénalas con la mezcla que has preparado. Añade el queso rallado grueso o simplemente cortado, los tomates cherry en láminas y orégano al gusto.

Gratina unos minutos hasta que la superficie se dore.

Sirve inmediatamente.

Consejo

Prepara tu harina casera, triturando muy bien la cantidad de copos que quieras.

Veganiza esta receta

Utiliza quesos elaborados con ingredientes vegetales para hacer esta receta completamente vegana.

ENSALADILLA DE TEMPEH

Esta es una receta muy sabrosa que hace años que forma parte de mi recetario, y que tiene como ingrediente principal una de las proteínas vegetales menos consumidas, pero una de las de mejor calidad, ya que una ración de tempeh contiene aproximadamente la misma cantidad que una ración de carne.
El tempeh es un alimento originario de Indonesia, donde lo consumen habitualmente desde hace cientos de años. Se consigue tras la fermentación de las habas de soja junto a un hongo, el Rhizopus, que hace que se compacten y tengan el aspecto de un bloque rígido al que más tarde podemos dar forma y trocear como queramos.
En este caso el tempeh forma parte de la ensaladilla con la que he preparado un sándwich con pan de espelta integral que podrás encontrar en la pág. 31, y al que he añadido algunos germinados y cilantro fresco.
Pero esta ensaladilla la puedes preparar también para servirla como tapa, para picar con tostaditas, crackers o para rellenar hojas verdes de lechuga, si no quieres tomar pan.

PARA 2-3 PERSONAS

200 g de tempeh natural

80 g de pimiento rojo

6 pepinillos pequeños en vinagre

8 aceitunas verdes

½ cebolla roja (unos 40 g)

2 c de vinagre de umeboshi

2 o 3 C de veganesa casera (pág. 40) o mayonesa de tu elección

Pon agua en una cazo y lleva a ebullición. Corta el tempeh en cuadraditos pequeños y cuécelo durante 30 min. Cuando esté listo, cuélalo y deja que se enfríe.

Desmenúzalo bien, ponlo en un bol y ve añadiendo el resto de ingredientes picados bien finos. Añade el vinagre y la veganesa o mayonesa. Remueve bien y reserva en la nevera hasta que la vayas a servir o tomar. Acompáñala con hojas de cilantro frescas.

Nota

Depende de la marca de tempeh que compres, puede aportar un sabor más o menos fuerte a esta receta y puede gustarte más o menos.

Dato nutricional

El tempeh además de ser una de las proteínas vegetales de mejor calidad, tiene un alto contenido en manganeso y cobre, además de fósforo, vitamina B_{12} y magnesio. Al estar fermentado, tiene un mayor valor nutritivo respecto a otros productos derivados de la soja, y también es mucho más digestivo.

ENSALADAS

- Ensalada de kale y melocotones asados con queso de cabra y menta
- Cebiche de aguacate, mango y algas
- Ensalada de lombarda y zanahoria con tofu ahumado y aliño de almendras
- Ensalada de quinoa y cerezas con cebolla encurtida
- Calabaguetis o espaguetis de calabacín con salsa de té matcha
- Ensalada de patata, remolacha y alga wakame con pepinillos y alcaparras
- Ensalada de apio y manzana con aliño de yogur y mostaza

ENSALADA DE KALE Y MELOCOTONES ASADOS CON QUESO DE CABRA Y MENTA

Melocotones asados y menta fresca... Mmmm... difícil resistirse, ¿verdad? Esta rica ensalada tiene mucho sabor a verano al tener melocotones dulces y jugosos entre sus ingredientes principales. Además, el toque de menta le da un frescor y sabor inigualables... así que no te la olvides ¡ni tengas miedo de echar un poco más!

PARA 2 PERSONAS

2 T de col kale troceada (36 g)

4 puñados de hojas verdes variadas

1 melocotón grande o 2 pequeños

1 o 2 C de panela

½ o 1 c de canela molida

sal

1 puñado de menta fresca

1 puñado de avellanas tostadas

queso de cabra al gusto

Aliño

4 C de AOVE (divididas)

1 C de vinagre balsámico blanco

1 C de miel

½ c de canela

Picatostes

1 y ½ T de pan de espelta integral hecho daditos (100 g)

1 y ½ C de AOVE

1 C de levadura nutricional

½ c de ajo en polvo

sal

Para preparar los picatostes, precalienta el horno a 180 °C y mezcla muy bien el aceite, la levadura, el ajo y la sal en un bol. Luego incorpora el pan troceado y vuelve a mezclar, para que este quede untado con la mezcla. Ajusta la cantidad de sal.

Echa el pan untado en una bandeja de horno forrada con papel antiadherente y hornea con ventilador unos 8 min, con cuidado de que no se queme. Retira y deja enfriar.

Pon 1 C de azúcar de coco o panela en un cuenco, añade ½ c de canela molida, mezcla bien y unta los melocotones troceados (si ves que no hay suficiente para todos los trozos, vuelve a hacer la misma mezcla).

Echa unas gotitas de aceite en una plancha y, cuando esté caliente, asa los trozos de melocotón por ambos lados hasta que estén dorados.

Mientras, prepara el aliño mezclando bien 3 de las 4 C de aceite (la otra la reservaremos) con el resto de ingredientes del aliño. Reserva.

Trocea la kale, retirando el tronco central y los nervios más gruesos de las hojas. Añade la C de aceite restante, un poco de sal y masajea con las manos durante unos minutos para que se reblandezca.

Elije un bol o fuente para servirla y echa las hojas verdes en el fondo junto con un poco de sal. Añade la kale, luego los melocotones asados, el queso, las avellanas y la menta troceadas, y, por último, el aliño.

Veganiza esta receta

Sustituye el queso de cabra por su alternativa vegetal, y la miel por sirope de agave, de arroz o de arce.

Para hacer esta receta sin gluten

Sustituye el pan de espelta de los picatostes por otro pan sin gluten para elaborar la misma receta.

CEBICHE DE AGUACATE, MANGO Y ALGAS

El cebiche es un entrante típico en algunos países de Latinoamérica, que se acostumbra a preparar con pescado. Yo aquí te propongo una versión completamente vegetal, preparada con una mezcla de aguacate, tomates, mango y algas, realmente refrescante e ¡irresistible! ¡Sírvelo bien frío y triunfarás!

PARA 2 PERSONAS

1 mango mediano-grande

1 aguacate grande o 2 más pequeños

2 o 3 rabanitos

¼ de cebolla roja en láminas (40-50 g)

8 tomates cherry

½ C de alga wakame seca

sal

cilantro fresco

Aliño

2 o 3 C de zumo de lima

1 y ½ C de AOVE

1 y ½ c de vinagre de manzana

1 pizca de chili en polvo

Pon a remojar el alga en un bol pequeño con agua mientras preparas el resto de ingredientes.

Corta el mango y el aguacate en cuadraditos. Échalos en otro bol.

Añade los rabanitos y la cebolla cortados en láminas, los tomates partidos por la mitad, las algas ya hidratadas y troceadas, y sal al gusto.

Prepara el aliño mezclando bien todos los ingredientes, añádelo y revuelve. Rectifica de sal, y deja todo macerar un rato en la nevera para que se mezclen todos los sabores.

Tómalo bien fresquito con un buen puñado de cilantro picado por encima.

Dato nutricional

El aporte del alga wakame hace que este plato tenga un toque marino, propio del cebiche original. Además, nos proporciona minerales como el calcio y el yodo, que nos ayudarán a revitalizar el organismo y a estimular los riñones.

ENSALADA DE LOMBARDA Y ZANAHORIA CON TOFU AHUMADO Y ALIÑO DE ALMENDRAS

El increíble sabor de esta crujiente y sabrosa ensalada te transportará a lugares lejanos y exóticos. Es bastante contundente y densa, y te saciará con poca cantidad, lo que la convierte en una opción perfecta como entrante. Su mezcla de texturas, su cremosidad y su potente sabor la hacen realmente irresistible. Y una vez que la pruebes, ¡seguro que la querrás preparar una y otra vez!

PARA 2 PERSONAS

⅔ T de col lombarda cortada en tiras (60-70 g)

⅔ T de pimiento rojo cortado en daditos (80 g)

⅔ T de zanahoria rallada (60-70 g)

½ T de calabacín cortado en tiritas (35-40 g)

½ T de cebolla morada cortada en láminas (25-30 g)

150 g de tofu ahumado

2 puñados de almendras tostadas (40 g)

sal al gusto

cilantro fresco al gusto

AOVE (para saltear el tofu)

Aliño

2 C de crema de almendras casera *(pág. 29)*

2 c de tamari

2 c de vinagre de arroz

2 c de sirope de agave crudo

3 c de zumo de limón

2 c de aceite de sésamo tostado

2 o 3 C de agua (hasta conseguir una textura que no quede demasiado espesa; no hay que pasarse porque si no la salsa pierde sabor)

Saltea el tofu cortado en daditos en un poco de AOVE durante unos 8 o 10 min a fuego medio hasta que esté dorado. Reservar (si el tofu no lleva nada de sal añadida, puedes echarle un poco cuando lo saltees).

Prepara el aliño y reserva.

Lava y corta o ralla todos los ingredientes de la lista, según se especifica.

Echa todos los ingredientes en un bol y añade la salsa. Mezcla todo bien, rectifica de sal y sirve con las almendras y un buen puñado de cilantro por encima.

Nota

La receta es para 2 boles de tamaño mediano, pero es una ensalada bastante densa y es suficiente como entrante para 2 personas. Si quieres raciones más grandes, dobla cantidades.

Dato nutricional

La col lombarda, como todas las coles, pertenece a la familia de las crucíferas y, como todas ellas, contiene compuestos azufrados que nos ayudarán en la prevención de algunas enfermedades. Esta variedad, debido a su precioso color, contiene además antocianinas, un potente antioxidante que contienen las hortalizas y frutas de colores granates, púrpuras y morados.

En mi web

Si te gustan las ensaladas crujientes, te recomiendo mi "ensalada de hinojo con aliño de tomates y pasas", que encontrarás en *www.deliciaskitchen.com*. Una sabrosa receta para tener en cuenta cuando encuentres bulbos de hinojo en el mercado.

ENSALADA DE QUINOA Y CEREZAS CON CEBOLLA ENCURTIDA

¿Ya no sabes con qué llenar tu próximo táper para llevar al trabajo? ¿Te faltan ideas? Pues esta propuesta totalmente vegetal pero completa, gracias a la combinación de quinoa y miso, puede ser tu próxima opción. ¡Un nutritivo y saludable plato para llevar a donde sea! Aunque también la puedes preparar y dejar lista en la nevera, para tomar cuando más te apetezca.

CEBOLLA ENCURTIDA RÁPIDA

¼ T de agua (60 ml)

½ T de vinagre de manzana (120 ml)

2 C de azúcar integral de caña, coco o panela

2 T de cebolla roja laminada (120 g)

4 rodajas de jengibre

1 C de pimienta de Jamaica

Prepárala con 1 h de antelación o mejor el día anterior.

Pon el vinagre, el agua y el azúcar en un cazo y caliéntalo todo hasta que se disuelva el azúcar. Deja que se enfríe.

Echa la cebolla laminada en un tarro con cierre hermético. Añade el jengibre y la pimienta.

Cuando la mezcla líquida se enfríe, añádela al tarro, presiona bien la cebolla para que quede cubierta y cierra herméticamente. Guárdala en la nevera bien cerrada. Dura varias semanas.

ENSALADA DE QUINOA Y CEREZAS

2 TARROS DE 750 ML

2 T de quinoa ya cocida

2 puñados de hojas verdes variadas

15 o 20 cerezas grandes y jugosas

1 aguacate

1 zanahoria

2 puñados de avellanas tostadas

3 C de cebolla encurtida

1 T de legumbres cocidas (opcional pero recomendable)

Deja cocer ¾ de T (135 g) de quinoa cruda (previamente lavada) en 1 T de agua (250 ml) y una pizca de sal, hasta que el líquido se consuma. Luego déjala tapada un ratito para que repose y se acabe de cocer con el calor residual.

PARA EMPLATAR

3 C de AOVE

2 C de miso blanco

3 C de zumo limón

2 C de vinagre de manzana

1 C de sirope de agave crudo

2 c de jengibre rallado (el jugo)

¼ c de sal

Prepara el aliño mezclando muy bien todos los ingredientes de la lista.

Añade la mitad del aliño a cada tarro. Echa la zanahoria rallada en juliana y añade 4 cerezas deshuesadas.

Reparte entre los dos tarros el resto de ingredientes. Añade la quinoa cocida encima, el aguacate en daditos, la cebolla encurtida y las hojas verdes, y unas cuantas cerezas deshuesadas más. Añade también las avellanas tostadas y picadas. A la hora de tomarla, mezcla bien el contenido.

Nota

Si no es época de cerezas, puedes prepararla con alguna otra fruta de textura parecida como ciruelas, uvas u otra que puedas encontrar en cualquier época del año, como las manzanas.

Dato nutricional

El miso blanco es el más suave de todos los tipos de miso que existen. Está elaborado a base de soja y arroz, y comparte con las demás variedades sus propiedades terapéuticas, aunque en menor cantidad, ya que su tiempo de fermentación es más corto. Su color es muy clarito, su sabor dulzón y es perfecto para hacer aliños, untables o darle un toque delicioso a muchas otras recetas.

Es importante que no esté pasteurizado y, al igual que el resto de variedades, no hervirlo para que conserve todas sus propiedades.

CALABAGUETIS O ESPAGUETIS DE CALABACÍN CON SALSA DE TÉ MATCHA

Aquí no te propongo una ensalada pero sí un plato con vegetales crudos que, más o menos, viene a ser lo mismo. Los calabaguetis o *zoodles* (*zucchini noodles*) son los espaguetis o tiras de calabacín crudo que se han puesto tan de moda últimamente como sustituto saludable y alternativo a la pasta.
Son ligeros, bajos en carbohidratos y tienen un sabor tan neutro ¡que a todos nos han conquistado! ¿El secreto? Sírvelos con una buena salsa saludable ¡y todos se relamerán de gusto!

PARA 2 PERSONAS

Salsa

3 C de zumo de lima

1 c de té matcha

1 diente de ajo

1 C de tamari

1 dátil medjoul jugoso

3 C de leche de coco cremosa

¼ T de mantequilla de cacahuete (60 ml)

1 pizca de chili en polvo (opcional)

piel rallada de lima al gusto

Para emplatar

1 calabacín grande (unos 350–400 g de pulpa sin piel)

1 puñado de cacahuetes tostados

cilantro fresco al gusto

Empieza preparando la salsa. Retira el germen del ajo, deshuesa el dátil y bátelo bien junto con el resto de ingredientes de la lista. Reserva.

Haz espaguetis o tiras finas con el calabacín pelado y mézclalo con la salsa. Añade un poco más de tamari si necesitas algo más de sabor.

Sirve en dos boles con un poco de ralladura de piel de lima, cacahuetes tostados troceados y cilantro fresco.

Nota

No es necesario que compres un aparato específico para hacer los espaguetis si no los vas a preparar muy a menudo. Puedes utilizar un pelador de verduras en juliana y hacer tiras. También los puedes hacer con una mandolina realizando cortes longitudinales con un cuchillo, y laminarlos después, con lo que obtendrás una especie de fettuccine del ancho que tú quieras. En todo caso, al final lo que cuenta es el sabor, ¿verdad?

Consejo

El calabacín es una hortaliza que va soltando agua mientras se corta o manipula. Cuando vayas haciendo las tiras, ve dejándolas en un bol con papel absorbente en el fondo, así, a medida que vayan soltando agua, el papel la irá absorbiendo.

Variante

Si no te gusta o no quieres añadir té matcha a esta receta, puedes hacerla igual sin incluirlo y ajustando un poco el resto de ingredientes para que quede a tu gusto.

ENSALADA DE PATATA, REMOLACHA Y ALGA WAKAME CON PEPINILLOS Y ALCAPARRAS

¿Has probado alguna vez lo bien que combinan las patatas con los encurtidos, el eneldo y el yogur? ¡Pues con esta ensalada de patata lo vas a poder comprobar! Es sabrosa, contundente y seguro que gustará a todos, ¡por lo que es perfecta para cualquier reunión familiar o de amigos!

PARA 2-3 PERSONAS

3 o 4 patatas medianas

1 remolacha grande

3 o 4 rábanos

3 C de pepinillos en vinagre

1 C de alcaparras

2 C de alga dulse

1 puñado de nueces

1 puñado de eneldo fresco

Aliño

4 C de yogur vegetal sin azucarar

3 C de AOVE

1 C de vinagre de manzana

2 dientes de ajo

½ c de sal

Lava bien las patatas y ponlas a cocer en abundante agua hirviendo hasta que estén tiernas. En otra olla haz lo mismo con la remolacha pelada y partida por la mitad para que se cueza mejor. Cuela, deja que se enfríen y guárdalas en la nevera en un recipiente hermético hasta el día siguiente. Puedes preparar la ensalada cuando se hayan enfriado, pero más abajo te explico por qué es mucho mejor para tu salud que esperes al día siguiente.

Para prepararla pon en remojo el alga dulse durante unos 10 min. Mientras tanto pica bien finitos los pepinillos, las nueces y trocea las alcaparras. Lamina los rábanos. Añade todo esto a un bol donde habrás echado las patatas y la remolacha troceadas en dados. Añade también las algas bien escurridas.

Prepara el aliño mezclando bien todos los ingredientes y échalo en el bol mezclándolo todo muy bien. Rectifica de sal y añade el eneldo bien picado.

Consejo y dato nutricional

Las patatas tienen un alto contenido en hidratos de carbono complejos como el almidón. Cuando las cocinamos, este almidón se transforma y se hace muy biodisponible, se digiere con suma facilidad y nuestras células lo asimilan rápidamente. Es por eso que en todas las dietas se eliminan las patatas y otros hidratos como el arroz o las legumbres.

Cocinar las patatas el día anterior y enfriarlas en el frigorífico a unos 4-5 °C modifica la estructura del almidón y lo hace resistente, de manera que logra aguantar el proceso digestivo, para pasar a convertirse en un festín para nuestra microbiota intestinal, ya que estos almidones resistentes tienen un efecto prebiótico clave para mantener sano nuestro intestino.

Es importante tener en cuenta que no hay que calentar mucho las patatas al día siguiente, como máximo a 130 °C, ya que el proceso podría revertirse.

ENSALADA DE APIO Y MANZANA CON ALIÑO DE YOGUR Y MOSTAZA

La manzana y el apio son dos de los vegetales más ligeros y depurativos que podemos tomar. Es por ello que esta ensalada es perfecta para saciarnos, gracias a su alto contenido en fibra, y, a la vez, ayudar a nuestro cuerpo a mantener la línea.
El aliño es lo que puede marcar el aporte extra de grasa o calorías en esta receta. Con las cantidades que te propongo obtendrás una ensalada y un aliño que gustará a toda la familia. A partir de ahí, si lo necesitas, ajusta o rebaja el aliño según tus necesidades, si la quieres hacer más ligera o detox.

2-3 PERSONAS

4 tallos de apio medianos

2 manzanas verdes

½ T de cebolla roja laminada (25-30 g)

2 puñados de nueces

1 buen puñado de eneldo fresco

2 C de chirivía rallada (opcional)

6 C de yogur de soja sin azucarar

3 C de AOVE

2 c de zumo de limón

3 c de mostaza antigua

2 c de sirope de agave

4 c de vinagre de manzana

½ c de sal

Lava y corta en trocitos los tallos de apio y las manzanas. Échalos en un bol.

Añade la cebolla laminada, la chirivía rallada (si la quieres incluir) y las nueces picadas.

Aliño

Prepara el aliño mezclando todos los ingredientes de la lista y échalo en el bol. Mezcla muy bien. Rectifica de sal y añade el eneldo fresco picado.

Dato nutricional

El apio es una de las hortalizas más alcalinas que existen. Una dieta principalmente alcalina es la clave para que el organismo funcione correctamente y no enfermemos. Así que, siempre que puedas y para compensar la dieta acidificante que la mayoría de la gente sigue, intenta incluir apio en las comidas, ¡aunque sea como simple crudité o cortado en bastoncillos!

En mi web

Si te gustan las ensaladas extraligeras, busca en mi web *www.deliciaskitchen.com* mi “ensalada oriental de pepino y wakame”.
¡Es una de las primeras que compartí y una de mis favoritas!

SOPAS Y CREMAS

~ Sopas ~

- Sopa de lentejas rojas con calabaza y alga dulse
- Sopa borsch o sopa de remolacha con legumbres y pimienta de Jamaica
- Insta sopa de miso y vegetales
- Sopa minestrone con pesto

~ Cremas calientes ~

- Crema de champiñones y yuca
- Crema de zanahoria, manzana y cúrcuma con granola salada
- Crema de calabaza, boniato y coco con garbanzos especiados

~ Cremas frías ~

- Crema fría de apio nabo y alcaparras
- Crema fría de manzana verde, aguacate y canónigos
- Gazpacho de cerezas
- Salmorejo de melocotón y judías
- Ajorrosa

SOPA DE LENTEJAS ROJAS CON CALABAZA Y ALGA DULSE

Esta es una sopa muy suave y dulzona que preparo desde hace años y que a mí me encanta por lo sencilla que es. La definiría como un abrazo cariñoso en pleno invierno, y es por eso que a mí me resulta... ¡de lo más terapéutica!
Yo siempre utilizo fideos de arroz integral o de arroz negro, porque me encanta esa combinación. Pero tú puedes utilizar los que más te gusten.

PARA 3 PERSONAS

½ T de lentejas rojas (100 g)

1 y ½ T de calabaza en daditos (180 g)

2 C de AOVE

1 puerro

1 l de agua

2 C de alga dulse

sal

100 g de fideos de arroz integral o los que más te gusten

Echa el aceite en una olla y, cuando esté caliente, añade el puerro que previamente habrás lavado bien y cortado en rodajas finas. Remueve, sofríe durante 1 min y echa la calabaza. Remueve y sofríe durante 2 min.

Mientras tanto lava las lentejas, escúrrelas y échalas a la olla junto con el agua. Lleva a ebullición, baja el fuego y cocina a fuego medio-bajo hasta que la calabaza y las lentejas estén tiernas. Añade sal al gusto.

En una olla aparte, hierve los fideos en abundante agua hasta que estén cocidos. Escúrrelos, pásalos por agua fría y resérvalos.

Cuando las lentejas y la calabaza estén hechas, rectifica de sal, apaga el fuego y añade el alga dulse. Tapa durante 1 o 2 min. Añade los fideos, remueve todo bien y sirve caliente con semillas de sésamo por encima para decorar.

Variante

Si la quieres más fuerte puedes añadir una cucharadita de miso por persona, que le cambiará algo el sabor y lo hará más intenso.

En mi web

Si quieres otra idea de sopa de lentejas reconfortante y extradeliciosa, no puedes perderte mi "sopa de lentejas y mijo con setas y calabaza". Es una de mis sopas favoritas de otoño, búscala en *www.deliciaskitchen.com*

SOPA BORSCH O SOPA DE REMOLACHA CON LEGUMBRES Y PIMIENTA DE JAMAICA

Esta rica sopa caliente ya me resultó una delicia la primera vez que la probé. Es sencilla y humilde, pero ese color tan fascinante que le aporta la remolacha, su riqueza en texturas y el toque que le dan las especias, la convierten en un magnífico plato que tienes que probar al menos una vez en la vida. Verás que puede ser la cena o comida perfecta para cualquier día o noche de frío.

PARA 3-4 PERSONAS

2 C de AOVE

1 cebolla grande

½ pimiento rojo mediano

2 dientes de ajo

500 g de patatas

300 g de col

1 remolacha grande

1 zanahoria grande

2 T de tomate triturado (500 ml)

1 l de caldo vegetal

1 hoja de laurel

1 C de tomillo

3 C de eneldo fresco

1 T de garbanzos cocidos (opcional)

4 granos de pimienta de Jamaica (opcional)

1 chorrito de vinagre de manzana

1 yogur vegetal sin azucarar

sal

Consejo

A esta sopa le queda genial el eneldo fresco. Así que, por favor, no te olvides de añadirlo. ¡El eneldo es obligatorio en esta receta!

Nota

En vez de yogur le puedes echar un poco de nata vegetal, que es lo que se le echa en los países de origen de esta sopa. Pero, para mi gusto, queda demasiado pesada. Prefiero el yogur que es más ligero y saludable.

Primero pela y corta las patatas en dados pequeños. Ralla la zanahoria y la remolacha, y corta en tiras muy finas la col. Reserva.

Corta la cebolla en láminas y sofríela en una olla junto con el aceite y un poco de sal, a fuego medio.

Mientras tanto, trocea el pimiento fino y prensa o pica los dientes de ajo. Cuando la cebolla esté traslúcida, añade estos dos ingredientes y el laurel, remueve y sigue cocinando a fuego bajo hasta que todo empiece a estar un poco dorado.

Añade las patatas cortadas en daditos y el tomate triturado, remueve y añade el caldo vegetal y los granos de pimienta de Jamaica molidos. Deja cocer unos 5 min. Añade entonces la remolacha y la zanahoria ralladas, un poco de vinagre, el tomillo, 1 de las C de eneldo picado y sal, y sigue con la cocción a fuego lento hasta que todo esté tierno.

Cuando esté, añade los garbanzos cocidos. Remueve, rectifica del ingrediente que sea necesario y sirve caliente, con 1 o 2 C, por cada bol, de yogur vegetal sin azucarar o del que prefieras. Reparte el resto del eneldo fresco picado.

INSTA SOPA DE MISO Y VEGETALES

Esta es una versión casera con hortalizas frescas de la típica sopa instantánea en sobre que podemos encontrar en cualquier supermercado, y que contiene unos polvitos dentro que hay que mezclar con agua caliente.

No te asustes por la cantidad de ingredientes que verás en la lista, esta receta tiene muchas ventajas: no hay que cocinar nada de nada, es totalmente natural, y, además, se prepara en un momento. Solo tienes que dejarlo todo preparado en los tarritos, y luego guardarla en la nevera para llevártela a la oficina, o disfrutarla cuando llegas del trabajo o de pasar el día fuera de casa. Cuando la quieras comer solo tendrás que echarle el agua caliente, volver a taparla, y en solamente 10 min ¡tendrás la sopa lista para tomar! ¿Qué te parece? ¡Además, las verduritas quedan con una textura medio crujiente muy rica y agradable!

PARA 1 PERSONA

1 C de miso (yo utilizo hatcho, el más fuerte)

1 c de cebolla en polvo

½ c de ajo en polvo

½ T de zanahoria rallada (40 g)

1/3 T de calabacín laminado (20 g)

1 C de pimiento rojo picado

1 champiñón laminado

½ c de jengibre fresco rallado

½ cebolleta de ensalada o china laminada

1 anís estrellado

25 g de tofu

1 C de tamari o salsa de soja

1 pizca de canela

1 ramita de cilantro fresco

½ c de vinagre de arroz

1 pizca de chili en polvo (opcional)

250 ml de agua

½ c de aceite de sésamo tostado

1 chorrito de zumo de lima (opcional)

Echa los ingredientes en un tarro de cristal que tenga una tapa que cierre muy bien. En el fondo pon el miso y las especias molidas, después los vegetales, el anís estrellado, el tofu cortado en daditos pequeños, el vinagre, el cilantro y la pizca de chili (si lo utilizas). Cuando quieras tomarte la sopa, añade el agua hirviendo, cierra la tapa y deja reposar unos 10 min.

Abre, retira el anís estrellado y la ramita de cilantro. Echa la salsa de soja, el aceite de sésamo y el chorrito de zumo de lima. Rectifica de tamari, o de cualquiera de los demás ingredientes, y añade un poco más de cilantro fresco al servir si lo deseas.

Notas

- Yo utilizo el miso más fuerte, el hatcho, que solamente lleva soja y tiene más sabor, pero puedes utilizar el que más te guste. Después, puede que necesites añadir algo más de tamari o de otros ingredientes para que la sopa esté más sabrosa.
- Si el ajo fresco te sienta bien, puedes sustituir el ajo en polvo por fresco sin el germen.
- Si quieres una sopa un poco más contundente, puedes añadir unos cuantos fideos vermicelli en crudo junto con el resto de ingredientes dentro del tarro. Estos se harán en los 10 min de espera, ya que la única cocción que necesitan es esa, estar cubiertos con agua caliente durante unos minutos. De este modo estarán listos cuando vayas a tomar la sopa.
- También puedes añadir alguna legumbre ya cocida, como garbanzos, judías, edamame, fideos de otro tipo o arroz (estos últimos ya cocidos y únicamente cuando vayas a tomar la sopa, después de que hayan reposado los vegetales).

SOPA MINESTRONE CON PESTO

La sopa minestrone es todo un clásico de la cocina italiana. Al estar elaborada con verduras, legumbres y granos o pasta, es un plato contundente y muy completo. Originario del centro de Italia, era el plato básico de los campesinos, por lo que cada familia tenía, y tiene aún hoy día, su propia manera de prepararlo.
Es perfecto para aprovechar las hortalizas y productos de la temporada, y, de esta manera, ir variando los sabores y texturas. Puedes preparar y tomar esta sopa sola, o ir un poco más allá y darle un toque delicioso añadiéndole una cucharada de pesto casero a la hora de servir.

PARA 3-4 PERSONAS

2 C de AOVE

1 cebolla grande

1 puerro grande

1 hoja de laurel grande

2 ramitas de apio

2 zanahorias

1 T de tomate triturado (250 ml)

1,25 l de caldo vegetal

1 calabacín

1 puñado de judías verdes

1 T de fideos gruesos u otra pasta de tu elección (130 g)

1 y ½ T de judías cocidas (270 g)

2 c de tomillo seco

2 c de orégano seco

3 o 4 C de pesto vegano (pág. 43)

queso en polvo tipo parmesano o parmesano vegano (pág. 30)

Pon el aceite en una olla y, cuando esté caliente, añade la cebolla y el puerro bien picados. Sofríe unos minutos hasta que veas que tanto la cebolla como el puerro se han reblandecido y vuelto traslúcidos.

Añade el laurel, el apio picado, las zanahorias laminadas y las judías. Remueve y cocina 1 min más.

Incorpora el tomate triturado, el caldo, las hierbas aromáticas secas, y deja cocer a fuego medio-bajo unos 10 min. Añade entonces el calabacín laminado, y deja cocer a fuego medio-bajo hasta que todas las hortalizas estén prácticamente hechas.

Añade entonces la pasta y deja cocer los minutos que requiera según la variedad, removiendo de vez en cuando.

Al final añade las judías cocidas y deja que se caliente todo junto.

Sirve con 1 C de pesto encima de cada plato, parmesano vegano o convencional y hojas de albahaca fresca.

Dato nutricional

Las judías son muy ricas en minerales como el potasio, magnesio y hierro. Contienen hidratos de carbono complejos que nos aportan energía durante muchas horas, y al contener tanta fibra también son muy saciantes.
Son muy ricas en proteínas, aunque al no contener todos los aminoácidos esenciales deben combinarse siempre con algún cereal para que dicha proteína sea completa.
Sin embargo, no es necesario consumir dicho cereal a la vez en la misma comida como hasta ahora hemos creído. Por el contrario, ahora se sabe que las legumbres pueden consumirse solas, y más tarde podemos consumir el cereal, siempre durante las siguientes 8 h, para así obtener los beneficios de tomar una proteína completa.

CREMA DE CHAMPIÑONES Y YUCA

¡Adoro las setas!... de todo tipo y desde siempre, y por eso no podía faltar en este libro una buena crema de champiñones, fácil y deliciosa.
Yo la preparo con yuca o mandioca, para darle un sabor más especial, pero puedes utilizar también patata. Añado mirin, un vino dulzón de origen japonés que se elabora a base de arroz. Es un ingrediente muy utilizado en la cocina macrobiótica y le da un sabor muy especial a cualquier elaboración. Si no tienes o no lo encuentras, lo puedes sustituir por algún otro vino dulce. Pero si puedes, no te olvides este pequeño toque, ¡le dará mucha chispa a la receta!

PARA 3-4 PERSONAS

2 C de AOVE

1 cebolla grande

1 diente de ajo

500 g de champiñones

1 T de yuca o patata cortada en daditos (160 g)

1 l de caldo vegetal

½ T de nueces (40 g)

1 pizca de pimienta negra

2 c de mirin

chips de yuca

1 trozo de raíz de yuca

AOVE para untar las láminas de yuca

sal

Echa el aceite en una sartén y cuando esté caliente incorpora la cebolla picada fina. Cuando esté transparente, añade los champiñones limpios y laminados y el ajo prensado o picado fino, y sofríe unos minutos más removiendo de vez en cuando.

Incorpora la yuca o patata troceada y el caldo vegetal, y deja cocer a fuego medio hasta que la yuca esté tierna.

Cuando lo esté, échalo todo en una batidora potente para conseguir una textura bien fina, y tritúralo junto con las nueces, la pimienta negra y el mirin.

Para preparar los chips de yuca no necesitas cantidades exactas. Precalienta el horno a 180 °C, pela la yuca y haz láminas finas de la pulpa con una mandolina.

Ponlas en un bol, échales un chorrito de AOVE y un poco de sal, y remuévelas para que se unten bien. Pon las láminas en una bandeja de horno forrada con papel antiadherente, y sepáralas bien para que se horneen todas por igual. Introdúcelas en el horno hasta que estén doradas y crujientes. Sácalas, échales un poco de sal gruesa y déjalas enfriar.

Nota

Si no encuentras yuca, puedes sustituirla por patata.

En mi web

Otra de mis cremas favoritas cuando hace frío es la "crema de tupinambo y zanahoria al romero" que compartí en mi web hace ya tiempo. El tupinambo no es difícil de encontrar en invierno y es un ingrediente con un sabor riquísimo y muy curioso. Si no lo conoces o no lo has probado nunca, busca esta receta en mi web *www.deliciaskitchen.com* y allí verás qué es y a qué sabe este tubérculo tan especial.

CREMA DE ZANAHORIA, MANZANA Y CÚRCUMA CON GRANOLA SALADA

Esta es una cremita muy digestiva y dulzona que te alegrará los días grises de invierno. Cuando hace mal tiempo nunca está de más tener siempre una buena crema de verduras en la nevera, para tomar como primer plato en cualquier cena o comida, ¿verdad? Aquí combino la hortaliza dulce, la fruta y la cúrcuma, con el toque final y saladito de la granola, lo que convierte a este plato en una mezcla bien interesante... aunque la crema sola, ¡también está muy rica!

CREMA DE ZANAHORIA, MANZANA Y CÚRCUMA

PARA 2 PERSONAS

1 cebolla
2 C de AOVE
500 g de zanahorias
½ manzana
450 ml de caldo vegetal
½ c de cúrcuma en polvo
¼ c de canela molida
½ c de ajo en polvo
1 rodajita de jengibre
1 pizca de pimienta negra molida
1 puñado de nueces
1 chorrito de zumo de limón

Echa el aceite en una olla y, cuando esté caliente, añade la cebolla bien picada. Cuando esté traslúcida, echa las zanahorias y la manzana en láminas. Deja cocer todo junto 1 o 2 min.

Añade el caldo junto con las especias y deja cocer a fuego medio-bajo. Cuando la zanahoria esté medio tierna, añade el jengibre, las nueces y bátelo todo muy bien. Rectifica de sal, añade unas gotitas de zumo de limón, y sirve con granola salada por encima (receta más abajo).

GRANOLA SALADA

1 T de copos de avena gruesa (100 g)
2 C de levadura nutricional
1 y ½ c de cebolla en polvo
¼-½ c de sal
½ c de comino molido
4 C de AOVE
2 C de semillas de calabaza
2 C de semillas de girasol
1 c de ajo en polvo (opcional)

Echa todos los ingredientes de la granola en una sartén y saltéalos a fuego medio-bajo durante unos 10 min.

Échala en un plato llano o bandeja y deja que se enfríe.

Guarda la que no utilices en un recipiente hermético y a temperatura ambiente.

Nota

La cantidad de sal que añadas a la granola depende de tus gustos personales. En mi caso utilizo ½ c y queda saladita, porque normalmente la utilizo para acabar de darle el último punto de sal a las cremas. También puedes añadirle una pizca de sirope cuando la hagas, y darle, además, un pequeño toque dulzón. Le quedará también genial y así tienes otra opción.

CREMA DE CALABAZA, BONIATO Y COCO CON GARBANZOS ESPECIADOS

Esta es una de mis cremas favoritas cuando llega el otoño, y es que esta es, y siempre ha sido, mi estación favorita del año. Me encanta el clima, pero sobre todo me encantan las frutas y hortalizas que llegan con él. Esta crema tiene un pronunciado toque hindú que le aportan el curry y los garbanzos especiados que añado al final. Si te gustan estos sabores, ¡esta crema te va a gustar!

GARBANZOS ESPECIADOS

1 C de AOVE

1 T de garbanzos cocidos (170 g)

1 c de comino molido

½ c de garam masala

½ c de ajo en polvo

¼ c de sal

En un bol mezcla las especias, la sal y el aceite. Luego añade los garbanzos cocidos y mézclalo todo bien. Rectifica de sal si es necesario.

Pon una sartén al fuego, echa los garbanzos y saltéalos a fuego medio de 5 a 10 min hasta que empiecen a dorarse.

Sírvelos de topping o para picar.

CREMA DE CALABAZA, BONIATO Y COCO

PARA 3-4 PERSONAS

1 calabaza pequeña (500 g de pulpa limpia)

1 boniato (250 g de pulpa limpia)

1 cebolla grande

2 C de AOVE

150 ml de caldo vegetal

¼ c de ajo en polvo

1 c de curry en polvo

sal al gusto

200 ml de leche de coco

1 chorrito de zumo de lima

Pon en una olla el aceite y, cuando esté caliente, añade la cebolla cortada en juliana junto con un poco de sal.

Mientras tanto, pela la calabaza y el boniato, trocea la pulpa en forma de daditos y, cuando la cebolla esté traslúcida, añádelos y rehógalo todo junto durante 2 o 3 min.

Añade el caldo y deja que cueza a fuego bajo durante unos 15 min, o hasta que todo esté tierno. Mientras tanto, prepara los garbanzos tal como te indico en su receta.

Añade las especias y la leche de coco, y tritúralo todo muy bien hasta conseguir una textura cremosa y fina. Rectifica de sal, añade el zumo de lima y sirve caliente con los garbanzos por encima, cilantro fresco, un poco de nata vegetal, si quieres, y sésamo para decorar.

Nota

El garam masala es una mezcla de especias hindú que viene ya preparada, y que es muy fácil encontrar en comercios donde vendan productos asiáticos.

CREMA FRÍA DE APIO NABO Y ALCAPARRAS

Cuando llegue el verano... ¡tienes que probar esta crema! Sus ingredientes le aportan un sabor potente y delicioso, y su preparación no requiere ninguna complicación, ni prácticamente trabajo, ya que simplemente hay que batirlo todo muy bien y ¡listo!
Cuando hace calor siempre se agradece encontrar platos fríos esperándonos en la nevera. Esta sencilla y deliciosa sopa fría es perfecta para esos momentos, porque la puedes dejar preparada con antelación y tomarla luego bien fresquita cuando lo desees.

PARA 2 PERSONAS

1 T de apio nabo cortado en daditos (120 g)

½ T de manzana pelada y en daditos (60 g)

1 y ½ c de vinagre de manzana

1 c de cebolla en polvo

½ c de ajo en polvo

1 C de AOVE

2 c de alcaparras

1 c de zumo de limón

1 C de semillas de cáñamo

250 ml de agua mineral

sal

Toppings

1 puñado de germinados

3 o 4 tomates cherry

1 puñadito de semillas de cáñamo

3 o 4 alcaparras

cebollino picado al gusto

Echa todos los ingredientes de la primera lista en una batidora potente y bate muy bien hasta conseguir una textura fina y sedosa.

Sirve en cuencos con los toppings por encima.

Dato nutricional

El apio nabo es la raíz bulbosa de una variedad de apio, por lo que tiene un intenso y a la vez suave sabor a apio, pero una textura y apariencia muy similar al nabo. Es rico en vitamina K y C, y en minerales como el fósforo. Además, ayuda a depurar el organismo gracias a sus propiedades diuréticas.

CREMA FRÍA DE MANZANA VERDE, AGUACATE Y CANÓNIGOS

Esta crema verde es perfecta para empezar cualquier comida. Es muy ligera y sabrosa, y, al llevar una buena cantidad de manzana y canónigos, se convierte en una receta estupenda para esos días en los que queremos cuidarnos un poquito más.

PARA 2 PERSONAS

2 manzanas verdes ácidas

2 puñados de canónigos

⅔ T de cebolleta picada (70-80 g)

⅔ T de pimiento verde picado (80 g)

½ T de apio picado (55 g)

1 aguacate

1 diente de ajo

2 puñados de hojas de albahaca fresca

2 C de AOVE

4 c de vinagre manzana

4 c de zumo de limón

300 ml de agua mineral

sal

Toppings

tiritas de piel de manzana verde

hojas de albahaca

nueces de Brasil picadas

gotitas de AOVE

Echa todos los ingredientes de la primera lista en una batidora potente y bate hasta conseguir una textura cremosa.

Deja enfriar un buen rato en la nevera y decora con los toppings a la hora de servir.

¿Sabías que... ?

Los canónigos tienen efectos depurativos, digestivos y también relajantes. Son ricos en provitamina A, vitaminas C y E, y también en minerales como el hierro y el potasio entre otros.

GAZPACHO DE CEREZAS

Este es mi gazpacho favorito y el de toda mi familia... ¡no te digo más! Bueno sí, solamente te digo que si no lo has hecho ya, tienes que probarlo en cuanto las buenas cerezas empiecen a llegar. ¿Prometido? Yo sí te puedo prometer... ¡que te encantará!

PARA 2 PERSONAS

1 T de cerezas deshuesadas (140 g)

1 T de tomates pera troceados (unos 2 tomates) (320 g)

½ T de tomates cherry tipo pera (80 g)

½ diente de ajo

¼ T de pimiento rojo cortado en trocitos (30 g)

¼ T de agua mineral (60 ml)

1 C de vinagre de manzana balsámico

2 C de AOVE

½ c de sal

Echa todos los ingredientes en una batidora potente y bate hasta conseguir una textura suave y homogénea. Sírvelo bien frío con cerezas frescas y lo que más te guste por encima.

Consejo

No te saltes la combinación de los diferentes tipos de tomates a la hora de hacer cualquier gazpacho o salmorejo. La mezcla de tomates pera con tomates cherry (mejor si también son pera), tiene mucho que ver en el exquisito sabor final.

Dato nutricional

Las cerezas son muy ricas en calcio y vitamina C, además de contener antocianinas, un potente antioxidante presente en las frutas y hortalizas de colores granates y morados.

SALMOREJO DE MELOCOTÓN Y JUDÍAS

Otra de nuestras sopas frías imprescindibles en verano, el salmorejo. Un plato refrescante y denso que habitualmente se espesa con pan como lo hacían nuestras abuelas.
En mi versión he sustituido el pan por legumbre para aportarle un extra de nutrientes, así como ofrecer la posibilidad de que cualquier persona intolerante o alérgica al gluten pueda tomarlo tranquilamente, sin añadir ningún tipo de harina al plato.
Como ya te comenté en la receta del gazpacho de cerezas, no dejes de combinar los diferentes tipos de tomates, ¡esta mezcla es el truco secreto que hace que el sabor final resulte delicioso!

PARA 3-4 PERSONAS

500 g de tomates pera

300 g de tomates cherry pera

¼ T de AOVE (60 ml)

1 diente de ajo grande

2 C de vinagre de manzana

100 g de pimiento rojo

½ T judías blancas cocidas (90 g)

1 T melocotón amarillo troceado (200 -220 g)

½ c de sal

Echa todos los ingredientes en una batidora potente y tritúralo todo bien hasta que la mezcla quede fina y homogénea. Si tu batidora no es muy potente puedes colarlo para que quede más fino.

Sirve bien frío con láminas de pepino, brotes, etc. (yo aquí también lo he acompañado con los crackers de espelta integral de la pág. 34, que sí contienen gluten, pero tú puedes acompañarlo con lo que quieras).

Dato nutricional

El tomate es muy rico en vitaminas A y C, y minerales como el potasio, fósforo y magnesio. Su principal característica es su alto contenido en licopeno y glutatión, dos de los antioxidantes más potentes que existen.

En mi web

Si quieres otra idea de salmorejo sin pan, te invito a que pruebes mi "salmorejo ligero con fresas y cáñamo", que encontrarás en mi web *www.deliciaskitchen.com* y que además de delicioso ¡queda precioso!

AJORROSA

Esta es mi versión del famoso plato andaluz "ajoblanco", que no lleva pan, ¡pero sí un divertido toque de color!
Esta receta la compartí en la web hace ya unos años, utilizando pan integral de espelta para espesarla. En esta ocasión he modificado un poco la receta, sin incluir ningún tipo de pan, y sustituyéndolo por una pizca de psyllium que nos aportará un extra de fibra. Este nos ayudará a espesarlo un poco más, aunque es opcional.

PARA 3 PERSONAS

150 g de almendras crudas

400 ml de agua

1 diente de ajo

1 rodajita de remolacha cruda

2 C de AOVE

2 C de mirin (si no tienes, puedes utilizar algún vino dulce tipo Jerez)

2 C de vinagre de manzana

½ c de psyllium (opcional)

sal al gusto

un poco de melón para hacer tropezones

Si utilizas almendras con piel, déjalas en remojo toda la noche y quítales la piel después. Si no, puedes utilizar almendras marcona que ya están peladas.

Echa todos los ingredientes en una batidora de alta potencia y tritúralo todo muy bien hasta que quede una mezcla fina y homogénea.

Rectifica de sal, y, si es necesario, del resto de ingredientes. Sirve bien fresquito acompañado de algún trocito de melón por encima.

Nota

Si lo prefieres sin remolacha y que te quede de color blanco como el original, simplemente no la incluyas, el sabor será prácticamente el mismo.

¿Sabías que... ?

El psyllium es la cáscara de la semilla del *Plantago ovata*, y es uno de los mejores reguladores del tracto intestinal que existen por su alto contenido en fibras hidrosolubles y mucílagos.

PLATOS PRINCIPALES

- Falafels con tzatziki vegano
- Lasaña de alubias rojas y champiñones
- Galette de tomates vegana
- Hamburguesas de arroz negro y frijoles
- Espaguetis de boniato salteados con champiñones y bulgur
- Pizza con base de copos de avena
- Lentejas guisadas con calabaza y calabacín
- Pasta con salsa de espárragos, alcaparras y limón
- Tofu estilo asiático o tofu agridulce con cebolla
- Crêpes de trigo sarraceno con cebolla caramelizada y aguacate
- Curry fácil de garbanzos, zanahoria y calabacín

FALAFELS CON TZATZIKI VEGANO

Los falafels son una de las elaboraciones más populares de Oriente Medio, y cada vez más conocidos y consumidos en todo el mundo. Su éxito reside en que son muy sabrosos y realmente sencillos de preparar. Y es que a todos les resultan deliciosas estas ricas bolitas crujientes ¡tanto a los mayores como a los niños!
Son unas bolitas, similares a nuestras croquetas, hechas con garbanzos crudos, especias y aromáticas frescas, que se sirven con una salsa de yogur. En este caso la salsa es un tzaziki vegano elaborado solamente con ingredientes vegetales.

FALAFELS

PARA 4 PERSONAS

2 T de garbanzos secos (360 g)

1 cebolla mediana

2 dientes de ajo

3 C de perejil fresco picado

2 C de cilantro fresco picado

4 C de compota de manzana (pág. 28)

3 c de comino molido

1 C de zumo de limón

½ limón (solo la piel)

½ c de levadura para hornear

sal

Pon los garbanzos a remojar en un bol grande con abundante agua durante 24 h, junto con 1 o 2 tiras de alga kombu. Si hace calor es conveniente dejar el bol en la nevera.

Cuando haya pasado el tiempo, pon los garbanzos en una procesadora de alimentos y tritúralos hasta que se forme una especie de arena gruesa. Añade entonces el resto de ingredientes y mezcla bien. Rectifica de sal o del ingrediente que quieras, y deja la masa reposar durante unos 30 min.

Forma las bolitas y pásalas por la sartén con un poco de aceite caliente hasta que estén doradas. Ve dándoles la vuelta para que se cocinen por todos los lados.

Si lo prefieres, puedes hacerlos al horno a 200 °C untándolos previamente con un poco de aceite. Hornéalos durante unos 10 min, dales la vuelta y continua con la cocción unos 5 o 10 min más. Hechos en el horno quedan un poco más resecos.

TZAZIKI VEGANO

1 T de yogur de soja (250 ml)

1 pepino grande o 2 pequeños

1 diente de ajo

1 C de menta fresca picada

25 g de anacardos crudos

2 C de eneldo fresco picado

2 C de zumo limón

sal

Retira las semillas del interior de los pepinos y ralla su pulpa. Déjala en la nevera unos 15 min en un bol con un poco de sal para que suelte el agua, y luego escurre.

Bate el yogur con el diente de ajo y los anacardos.

Mézclalo con los pepinos rallados, las hierbas aromáticas picadas, el zumo de limón y la sal.

LASAÑA DE ALUBIAS ROJAS Y CHAMPIÑONES

¡Qué buenos y sabrosos son los platos horneados! Además, me encantan estas recetas que, mientras se terminan de hacer, me permiten tener tiempo para hacer otras cosas, como recoger o preparar una buena ensalada que las acompañe. Y mientras el horno está en marcha la casa está más calentita y confortable... y en los días de frío, eso nunca viene mal... ¿verdad?

PARA 4 PERSONAS

3 C de AOVE

1 cebolla grande

4 dientes de ajo

500 g de champiñones o setas variadas

½ T de vino blanco (125 ml)

500 ml de tomate triturado

220 g de calabaza horneada

400 g de alubias rojas cocidas

¼ T de nata vegetal (60 ml)

2 C de levadura nutricional

½ c de canela molida

1 pizca de nuez moscada

1 pizca de azúcar de caña

1 paquete de placas de lasaña de tu elección

100 g de mozzarella y 50 g de parmesano rallados (vegetales para una opción vegana)

sal

Echa el aceite en una cazuela y, cuando esté caliente, añade la cebolla cortada bien fina y la sal. Cuando esté transparente, añade los ajos prensados o picados finos, cocínalos unos segundos y añade los champiñones limpios y laminados. Tapa y deja cocer unos minutos hasta que empiecen a estar tiernos.

Incorpora el vino, déjalo cocer 1 min y añade la pulpa de calabaza horneada y machacada con un tenedor. Mezcla bien. Añade el tomate triturado, mezcla y déjalo cocer todo unos 5 o 10 min hasta que el líquido empiece a consumirse y el tomate esté cocinado. Añade la nata, la levadura y las especias, remueve bien, rectifica de sal y de especias, y añádele un poco de azúcar de caña o de coco para rectificar la acidez de los tomates.

Cuece las placas de lasaña según las instrucciones del paquete. Cuando estén listas, echa una capa gruesa de la mezcla que has cocinado en el fondo de una fuente de horno. Cúbrela con una capa de láminas de lasaña cocidas, y, encima de esta, coloca otra capa de la mezcla cocinada. Repite este proceso hasta que ya no tengas mezcla cocinada, y termina con una capa final de pasta.

BECHAMEL VEGANA

2 C de AOVE

½ cebolla

3 C de harina de kamut o de espelta

1 y ½ T de leche de almendras (375 ml)

nuez moscada al gusto

sal

Echa el aceite en una sartén. Cuando esté caliente, añade la cebolla picada muy fina y un poco de sal. Cuando esté transparente, añade la harina, mézclala bien, y ve añadiendo la leche poco a poco para que no se formen grumos. Añade un poco de nuez moscada al gusto y rectifica de sal. Mezcla bien y echa la bechamel encima de la fuente en la que hemos preparado las capas de lasaña.

Termina con los quesos rallados por encima y gratina hasta que esté dorada.

Notas

- Esta receta es completamente vegana utilizando quesos de origen vegetal.
- Puedes utilizar salsa de tomate casera (pág. 37) en vez de tomate triturado para que quede más sabrosa, y/o añadir más cantidad de especias a tu gusto.

Dato nutricional

Esta receta combina una cantidad interesante de hortalizas y legumbres, que son una buena fuente de proteínas vegetales, fibra, hidratos de carbono, vitaminas del grupo B y minerales como el hierro, el fósforo o el cobre.

GALETTE DE TOMATES VEGANA

¡Esta es una de mis recetas preferidas! La llevo preparando desde hace ya unos cuantos años, y, aparte de su sabor, lo que más me gusta de ella es que tanto la masa como el relleno están elaborados desde cero.
En esta receta utilizo una pequeña parte de harina de espelta que no es integral, para que la masa quede un poco más elástica y no se rompa al doblarse... Como te expliqué en la introducción, esto es algo que he hecho en dos o tres recetas de este mismo libro, para conseguir un mejor resultado. Pero siempre que puedo, elaboro mis recetas con harinas 100 % integrales y ecológicas.

PARA 4 PERSONAS

Masa

- *1 T de harina de espelta integral (140 g)*
- *½ T de harina espelta blanca (55 g)*
- *5 C de AOVE*
- *100 ml de agua fría*
- *1 pizca de sal*

Queso cremoso de la base

- *queso untable de anacardos (pág. 28, prepara la cantidad completa de la receta)*
- *½ c de sal*
- *1 c de vinagre de manzana*
- *2 c de cebolla en polvo*
- *2 c de ajo en polvo*

Relleno

- *1 cebolla roja bien grande o 2 más pequeñas*
- *2 C de AOVE*
- *1 C de vinagre balsámico blanco*
- *1 C de azúcar de coco*
- *1 o 2 tomates maduros*
- *orégano al gusto*
- *1 pizca de sal*

Prepara la masa echando todos los ingredientes de la lista en un bol, y amásalos muy bien con las manos hasta conseguir una masa homogénea. Forma una bola y guárdala en la nevera envuelta en film para que se endurezca un poco.

Haz el queso untable triturando muy bien todos los ingredientes de la receta y reserva.

Sofríe la cebolla cortada en láminas finas en el aceite caliente, y cuando esté traslúcida, añade el azúcar y el vinagre, y cocina unos minutos hasta que todo se derrita y mezcle bien. Reserva.

Mientras se va precalentando el horno a 180 °C, estira la masa con un rodillo encima de un papel antiadherente dándole forma redonda y cubre la superficie con el queso untable, dejando libre unos dos o tres dedos hasta el borde (para luego poder doblarla).

Echa la preparación de la cebolla encima del queso cremoso repartiéndola uniformemente. Luego una capa de tomates a rodajas, y añade algo más de sal por encima. Esparce orégano al gusto también.

Ve doblando en forma de pliegue el borde de la masa hacia adentro hasta que quede como en la foto. Pon la galette encima de una bandeja, y, sin quitar el papel antiadherente, métela en el horno en el modo arriba y abajo a 180 °C con ventilador durante unos 45 min, o hasta que veas que la masa empieza a estar dorada y los tomates también.

Como sugerencia, sirve templada con un chorrito de AOVE por encima.

HAMBURGUESAS DE ARROZ NEGRO Y FRIJOLES

¡Esta es una señora hamburguesa! Completa, nutritiva y muy sabrosa. Está elaborada con una mezcla de legumbre y cereal, ambos de color negro por naturaleza, lo que le aporta un montón de antocianinas y un color simplemente fascinante. Puedes servirla como en la foto, con un pan ligero y los toppings y untables sugeridos, o utilizar hojas verdes de lechuga sustituyendo al pan, o simplemente sola, pero acompañada de una buena ensalada.

2 DE TAMAÑO MEDIANO

2 C de AOVE

½ T de cebolla picada en juliana fina (70 g)

½ T de zanahoria picada (50 g)

1 diente de ajo

1 y ½ T de arroz negro cocido (240 g)

½ T de frijoles cocidos (90 g)

1 c de cilantro molido

1 c de comino molido

1 C de harina de arroz fina u otra que sirva de espesante

3 o 4 C de agua

⅓ T de cilantro fresco picado (5 g)

sal al gusto

veganesa casera para untar el pan (pag. 40)

Guacamole

2 aguacates

½ tomate picadito

¼ de cebolla picadita

½ o 1 lima en zumo

5 o 6 hojas de cilantro

sal

Pon a cocer 1 T de arroz en 2 y ¼ T de agua, y una vez que hierva, mantenlo a fuego medio-bajo hasta que el agua se consuma (te sobrará arroz cocido que podrás utilizar en algún otro plato).

Pon en una sartén el aceite, y, cuando esté caliente, echa la cebolla picada. Cuando esté traslúcida, añade la zanahoria y deja que se cocine durante unos 5 o 10 min. Para que no se queme, échale 1 o 2 C de agua cuando se empiece a pegar a la sartén y que siga cociendo medio tapada. Cuando empiece a estar tierna, añade el diente de ajo prensado y cocina 1 min más. Incorpora el resto de ingredientes, removiendo bien. Rectifica de sal o de especias a tu gusto. Apaga el fuego.

Si las vas a servir en ese mismo momento, deja enfriar la mezcla hasta que puedas manipularla con las manos sin quemarte. De lo contrario, deja la masa en un recipiente hermético, para hacer las hamburguesas al día siguiente. Este paso suele hacer que la mezcla se amalgame aún más y que las hamburguesas resulten más consistentes.

Dales forma, ponlas en una sartén con un poco de aceite caliente y deja que se hagan durante 1 o 2 min por cada lado.

Si las quieres servir con guacamole, solo tienes que aplastar muy bien los aguacates hasta hacerlos puré, y luego añadirles el resto de ingredientes.

Puedes servirlas solas, con ensalada, o servirlas con tu pan favorito y añadirle los toppings y salsas que más te gusten.

Nota

Para hacerlas más sabrosas, sustituye la cebolla cruda por cebolla caramelizada (pág. 134), o incluso puedes probarla con cebolla encurtida (pág. 80).

Dato nutricional

Las antocianinas son pigmentos vegetales que se encuentran en los alimentos de colores oscuros y de tonalidades que incluyen los rojizos o granates, los azules o morados y los negros. Son un potente antioxidante que actúa como protector de la vista al reforzar los capilares de la retina. Además, mejoran la circulación, por lo que son indicadas para prevenir o tratar enfermedades cardiovasculares.

ESPAGUETIS DE BONIATO SALTEADOS CON CHAMPIÑONES Y BULGUR

Me encantan los boniatos y cuando llega el otoño intento aprovecharlos al máximo, incorporándolos en nuevas recetas siempre que puedo. Esta en concreto es una muy simple y sencilla, ¡pero con mucho sabor! He querido incluirla en el capítulos de *Platos principales* pero, al no contener proteína completa, sería mejor acompañarla con una ensalada que contenga legumbres u otra proteína de tu elección, o si no, tomarla como entrante y luego un plato principal con proteína.

PARA 2 PERSONAS

400 g de boniato pelado

250 g de champiñones

3 dientes de ajo grandes

1 C de AOVE (y un poco más para el final)

1 C de tamari

2 C de levadura nutricional

1/4 c de jengibre (fresco o en polvo)

sal

cilantro fresco

nueces al gusto

⅓ T de bulgur de espelta crudo (60 g)

240 ml de agua

Pon a cocer el bulgur en el agua a fuego medio hasta que el líquido se consuma. Apaga el fuego y déjalo tapado para que repose un poco.

Haz los espaguetis de boniato y reserva.

Lamina los champiñones y ponlos en una sartén con 1 C de AOVE caliente. Deja que se hagan durante 5 o 6 min a fuego medio. Echa 1 o 2 C de agua para que no se peguen al quedarse sin aceite. Añade los dientes de ajo prensados o cortados muy finitos. Remueve y sigue con la cocción 1 min más.

Añade los espaguetis y un poco de sal, y continúa con la cocción. Añade el tamari y el jengibre. Verás que los de debajo se han empezado a reblandecer y han reducido un poco su tamaño. Dales la vuelta y haz lo mismo con todos. Añade la levadura (mejor en polvo para que se mezcle mejor).

Incorpora el bulgur y remueve un poco más. Rectifica de sal y sirve con un chorrito de AOVE en crudo, un poco de cilantro fresco por encima y nueces picadas.

Nota

Si no tienes un aparato específico para hacer los espaguetis de hortalizas, puedes utilizar un pelador de verduras con corte juliana. Visualmente no quedará igual, ya que salen tiras más cortas, pero estarán igual de ricos.

Para hacer esta receta sin gluten

Simplemente sustituye el bulgur por cualquier otro grano o pseudocereal sin gluten.

PIZZA CON BASE DE COPOS DE AVENA

(utilizando avena certificada sin gluten)

Esta pizza tiene una base crujiente que considero bastante particular, ya que no contiene gluten ni levadura y, por lo tanto, ni subirá, ni crecerá.
La masa lleva, además, ingredientes que le aportan un sabor ¡riquísimo!... ¡y que podrías comerte sola sin necesidad de añadirle nada más!

1 PIZZA

2 C de semillas de lino

1 y ½ T de copos de avena (150 g)

2 C de levadura nutricional

4 C de leche vegetal

2 C de compota de manzana (pág. 28)

2 C de AOVE

1 c de cebolla en polvo

½ c de ajo en polvo

½ c de sal

Toppings (opcionales y al gusto)

salsa de tomate casera (pág. 37)

queso para fundir (vegetal para que la receta sea vegana)

pimiento asado en tiras

alcaparrones

1 puñado de tomates cherry partidos

orégano seco

albahaca fresca

Tritura las 2 C de semillas de lino y échalas en un cuenco junto con la leche vegetal y la compota de manzana. Deja reposar unos 5 o 10 min, mientras preparas el resto de ingredientes.

En una procesadora de alimentos, echa los copos de avena y tritúralos hasta que se forme una harina. Añade el resto de ingredientes (incluida la mezcla de lino) y revuelve todo muy bien.

Cuando esté, ve precalentando el horno a 180 °C en modo arriba y abajo. Pon la mezcla encima de un papel de horno, y, encima de esta, una lámina de film transparente para poder estirar la masa con un rodillo sin que se te pegue. Estírala hasta que quede bien fina. Esta masa no crecerá como una pizza convencional, ya que no lleva ningún tipo de levadura.

Cuando la tengas, retira el film, ponla con el papel en la rejilla y hornea a 180 °C con ventilador durante unos 15 o 18 min, o hasta que empiece a estar dorada (¡ojo! cada horno es diferente y hay que estar al tanto la primera vez). Saca un momento la pizza, sin apagar el horno, y échale los ingredientes que te propongo, o los que más te gusten.

Vuelve a introducirla en el horno y continúa con la cocción durante unos 10 min más, hasta que el queso se derrita.

Notas

- El tamaño de esta pizza es perfecto para compartirla entre dos personas acompañándola con una buena ensalada. La base, al estar compuesta por copos de avena, es una elaboración que aporta una gran cantidad de fibra, por lo que sacia mucho más que una pizza convencional.
- Asegúrate de que los copos de avena son certificados para que sea una pizza sin gluten. Aunque si no tienes alergia ni intolerancia alguna, puedes utilizar sin problemas los copos convencionales.

LENTEJAS GUISADAS CON CALABAZA Y CALABACÍN

¡Me encantan los platos de cuchara! Y es que un buen plato de lentejas será siempre una de las comidas más reconfortantes, nutritivas y deliciosas que podamos tomar.

Aunque es una receta que no tiene mucho secreto, cada familia tiene la suya propia, esa que ha permanecido perenne a lo largo de los años y que se ha ido transmitiendo de generación en generación. Al ser una comida de origen humilde y muy económica, una familia entera podía alimentarse sin gastar mucho con una buena olla de lentejas.

Cuando yo era pequeña, en mi casa tocaba comerlas al menos una vez a la semana, y a mí siempre me parecía bien, ya que siempre he sido de buen comer ¡je, je! Y, aunque durante mucho tiempo he preparado la receta que mi madre me enseñó, en los últimos años preparo la mía propia con ingredientes vegetales únicamente, y que, para mi gusto y el de mi familia, nada tiene que envidiar a las recetas tradicionales. Es menos pesada y sin duda... ¡más saludable!

4 PERSONAS

1 cebolla grande

2 dientes de ajo

2 C de AOVE

2 T de calabaza cortada en daditos (280 g)

2 T de calabacín cortado en daditos (280 g)

1 rama de apio

900 ml de caldo vegetal

1 T de tomates cherry triturados (250 g)

1 T de lentejas pardinas (200 g)

1 c de orégano seco

½ c de tomillo

¼ c de pimentón ahumado de la Vera

Pon en una olla grande el aceite y, cuando esté caliente, añade la cebolla picada. Si ves que se empieza a pegar, echa 1 o 2 C de agua, añade los ajos prensados y continúa con la cocción unos minutos más.

Añade la calabaza y el calabacín cortados en daditos y el apio laminado. Remueve y cocina 1 o 2 min.

Añade el caldo vegetal, los tomates triturados, las lentejas lavadas y escurridas, y las especias. Cocina todo a fuego bajo hasta que las lentejas estén tiernas, las hortalizas medio deshechas y el guiso haya espesado bastante. ¡No te olvides de remover de vez en cuando durante la cocción para que no se pegue al fondo!

Rectifica de sal (que en este caso no he añadido porque el caldo ya llevaba sal) o de especias.

Sirve caliente con un poco de nata líquida para decorar y la hierba aromática que más te guste.

Consejo

Prepáralas un día antes y guárdalas en la nevera para que generen los almidones resistentes. Al día siguiente no las calientes a más de 130 °C, para que tu flora intestinal se beneficie de los prebióticos que se crearon al enfriarse.

Dato nutricional

Las lentejas son ricas en hierro, vitaminas del grupo B, fibra y proteínas. Acompáñalas siempre de alimentos ricos en vitamina C para facilitar la absorción del hierro. Por ejemplo, puedes acompañarlas con una buena ensalada que incluya tomates y/o pimientos.

PASTA CON SALSA DE ESPÁRRAGOS, ALCAPARRAS Y LIMÓN

¡Siempre me ha encantado ir a buscar espárragos! Mi padre era un gran aficionado y, al vivir en un pueblecito y tener la montaña allí mismo, desde pequeña me llevaba con él y siempre volvíamos a casa con grandes manojos de espárragos salvajes recién cortados, con los que mi madre después hacía tortillas y... que yo recuerde, poca cosa más... ¡ja, ja, ja! Así que, como me gustan tanto los espárragos y experimentar en la cocina, un poco más que a mi madre, hace un tiempo creé esta salsa con la que podrás acompañar cualquier tipo de pasta. Es una salsa muy sencilla y muy rápida de preparar, con un delicioso toque de alcaparras y limón ¡que en casa nos encanta!

PARA 2 PERSONAS

4 C AOVE

6 dientes de ajo grandes

1 manojo de espárragos (250 g)

10 tomates cherry

2 C de alcaparras

1 T de tomate triturado (250 ml)

sal

1 o 2 c de azúcar integral de caña, panela o coco (opcional)

ralladura de ½ limón

hojas de albahaca fresca

parmesano vegano (pág. 30)

En una sartén grande pon el aceite y, cuando esté caliente, echa los ajos laminados. Al cabo de 1 min, aproximadamente, añade los espárragos también laminados y sofríe durante unos 4 o 5 min a fuego medio.

Añade los tomates cherry troceados y continúa con la cocción removiendo de vez en cuando.

Incorpora el tomate triturado, añade sal y sofríelo a fuego medio-bajo durante unos 10 min, medio tapado.

Añade las alcaparras, la ralladura de limón y prueba el sabor. Añade un poco de azúcar integral para rectificar la acidez de los tomates.

Sirve con tu pasta preferida, un buen puñado de hojas de albahaca fresca picadas y el queso parmesano de tu elección.

Consejo

Si trituras tomates cherry en vez de tomates grandes, seguramente no necesitarás añadir azúcar al final, ya que estos tomates son mucho más dulces que los convencionales.

Dato nutricional

Los espárragos son ricos en vitaminas A y C, y en minerales como el potasio y el fósforo. Tienen un alto poder diurético y en la antigüedad los griegos ya los utilizaban para tratar problemas de riñón. Son muy efectivos en el tratamiento de la gota.

En mi web

Si quieres probar otra salsa vegetal deliciosa y sorprendente para acompañar cualquier plato de pasta, no te puedes perder mi "salsa de coliflor y pimienta de Jamaica". Búscala en *www.delicias-kitchen.com* ¡y sorprende a los tuyos con su textura y sabor!

TOFU ESTILO ASIÁTICO O TOFU AGRIDULCE CON CEBOLLA

Este plato es realmente exquisito, y tan goloso, que ya nos conquistó a mí y a mi familia la primera vez que lo probamos. Es realmente sencillo de preparar, tan solo juntar los ingredientes de la salsa por un lado, por el otro saltear, y, finalmente, mezclarlo todo. ¡Simplemente eso! Tiene un riquísimo toque agridulce que lo hace irresistible y para nosotros es una de las maneras más sabrosas de comer tofu. Si es un ingrediente que no te acaba de convencer, pruébalo de esta manera ¡y seguramente te gustará!

PARA 4 PERSONAS

Mezcla líquida

⅓ T de caldo vegetal (80 ml)

3 C de tamari

2 C de vinagre de arroz

2 C de salsa de tomate casera (pág. 37)

2 C de azúcar de coco

1 C de sriracha o algo menos de chili en polvo

Salteado

400 g de tofu firme

3 C de AOVE (divididas)

2 cebollas grandes

2 c de jugo de jengibre (rallado y exprimido con los dedos)

3 dientes de ajo

sal

pimienta

Pon en un bol todos los ingredientes de la mezcla líquida y reserva.

En un wok o sartén saltea el tofu cortado en daditos pequeños, junto con un poco de sal y 1 C de aceite hasta que empiece a estar dorado. Retira y reserva.

En el mismo recipiente echa las 2 C de aceite restantes y, cuando esté caliente, añade la cebolla laminada. Dora hasta que esté medio hecha, añade los ajos prensados, el jengibre y termina de cocinar.

Incorpora la mezcla líquida y llévala a ebullición removiendo un poco. Añade entonces el tofu salteado. Rectifica de sal, mezcla bien y sirve caliente acompañado de arroz integral, quinoa o el cereal que prefieras. Añade un puñadito de cilantro fresco picado y semillas de sésamo tostado.

Notas

- Como en la gran mayoría de los platos de la cocina asiática, este plato lleva endulzantes añadidos. En esta receta sustituyo los azúcares refinados de las recetas originales por azúcar de coco, que, además de tener un bajo índice glucémico, es una de las mejores maneras que he encontrado para reemplazarlos en casi todas mis recetas.
- En los países asiáticos suelen usar aceite de palma o similares para elaborar recetas de este tipo. Yo, sin embargo, continúo utilizando aceite de oliva que, aunque por su sabor no es quizás el que mejor combina, si es el que mejor resiste las altas temperaturas sin deteriorarse y es, en mi opinión, la opción más saludable.

CRÊPES DE TRIGO SARRACENO CON CEBOLLA CARAMELIZADA Y AGUACATE

Estas crêpes sin gluten en versión salada están elaboradas con harina de trigo sarraceno y yogur. Se preparan en un momento y yo te propongo una idea fácil y rica para rellenarlas, aunque siempre puedes utilizar el relleno que más te guste.

MASA

4 CRÊPES

½ T de harina de trigo sarraceno (70 g)

¼ T de yogur vegetal sin azucarar (60 ml)

¾ T de agua (180 ml)

1 c de cebolla en polvo

¼ c de sal marina

Mezcla muy bien los ingredientes de la masa. Puedes batirlos con una batidora pequeña para que no queden grumos. Reserva.

CEBOLLA CARAMELIZADA RÁPIDA

1 C de AOVE

300 g cebolla morada laminada

2 o 3 C de agua

2 o 3 c de azúcar de coco o panela

1 C de vinagre balsámico

sal

Lamina la cebolla y póchala en una sartén junto con el aceite caliente y un poco de sal durante unos 5 min, o hasta que empiece a reblandecerse. Añade el agua, el azúcar y el vinagre, remueve y continúa cocinándola a fuego bajo hasta que se consuma el líquido y quede blanda. Rectifica de sal. Reserva.

PARA RELLENARLAS Y MONTARLAS

180 g de judías cocidas

cebolla caramelizada

1 aguacate

1 C de levadura nutricional

1 chorrito de zumo de limón

4 C yogur vegetal sin azucarar

4 puñaditos de hojas verdes

tomillo fresco al gusto

gomasio al gusto o sal gruesa

Machaca bien el aguacate con un tenedor junto con un poco de sal, la levadura nutricional y un chorrito de limón. Reserva.

Prepara las crêpes echando una capa fina de masa en una sartén mediana engrasada con un poco de aceite. Echa la cantidad suficiente para que cubra la sartén y extiéndela girando la misma para que se reparta bien la masa. Cuando empiecen a salir burbujas, dale la vuelta con cuidado con una pala plana. Tenla 1 min más y retírala.

Para montar, divide la preparación de aguacate y echa una capa en cada una de las crêpes. Añade después la preparación de la cebolla caramelizada y las judías. Te recomiendo ahora echar 1 C de yogur de soja sin azucarar encima, repartiéndolo bien (esto le aportará mucha cremosidad). Y, para terminar, las hojas verdes, el tomillo fresco picado y un poco de gomasio o sal gruesa, si lo necesita.

Variante

Puedes preparar estas crêpes de trigo sarraceno con un toque dulzón que también combina genial con rellenos salados. Solamente tienes que sustituir el yogur por la misma cantidad de compota de manzana (pág. 28) y el agua por la misma cantidad de leche vegetal. El resto queda igual.

CURRY FÁCIL DE GARBANZOS, ZANAHORIA Y CALABACÍN

¡Aquí tienes un curry con un sabor delicioso, que no puede ser más rápido y fácil de hacer! Este te lo recomiendo si te encantan los sabores exóticos de la cocina hindú pero todavía no te has lanzado a preparar recetas de este estilo. ¡Anímate, porque con este rico plato conquistarás a cualquiera!

PARA 3 PERSONAS

2 C de aceite de coco (puedes utilizar de oliva)

3 dientes de ajo

1 cebolla

1 zanahoria

1 T de tomate triturado (250 ml)

2 c de jengibre rallado

½ c de cúrcuma

2 C colmadas de pasta de curry rojo (pág. 42)

2 C de coco rallado

400 ml de leche de coco cremosa

1 calabacín

800 g de garbanzos cocidos

sal

pimienta

Asa el calabacín laminado en una plancha con unas gotas de aceite y resérvalo para más tarde.

Pon en una cazuela el aceite y, cuando empiece a estar caliente, añade los ajos prensados y la cebolla picada fina junto con un poco de sal. Cuando esta esté traslúcida, añade la zanahoria laminada fina y 4 C de agua, y deja cocer durante 4 o 5 min. Remueve si es necesario.

Añade la pasta de curry y remuévela para que se deshaga en la cazuela. Echa entonces el tomate triturado, el jengibre y la cúrcuma. Deja cocer a fuego medio-bajo 5 o 10 min. Cuando esté, tritúrala junto con la leche de coco y el coco rallado, y vuelve a echar la mezcla a la cazuela.

Incorpora los garbanzos cocidos y el calabacín asado, rectifica de sal, echa un poco de pimienta y caliéntalo todo junto durante unos minutos.

Sírvelo acompañado de arroz basmati integral y échale unas gotitas de zumo de lima, cilantro fresco y semillas de sésamo tostado.

En mi web

Si quieres otra idea fácil y rápida, en *www.deliciaskitchen.com* encontrarás mi "curry suave de garbanzos y kale", búscalo y así tendrás otra idea diferente para ir variando.

BOLES Y PLATOS COMBINADOS

Todas las recetas de este capítulo son para 2 personas o 2 boles y se pueden preparar para montar los boles o platos sugeridos o por separado para acompañar otras recetas propias. Para poder disfrutar de estos boles o platos combinados en poco tiempo, lo ideal es tener preparadas algunas elaboraciones con antelación, como los cereales, las legumbres, las hortalizas al horno y la mayoría de los aliños. Hacer una previsión en la lista de la compra y elaborar algunas recetas previamente, el día que nos vaya mejor, es una de las bases y uno de los secretos para comer saludable todos los días.

En los últimos años se ha puesto muy de moda la palabra *Batchcooking* que no significa otra cosa que lo que te acabo de explicar arriba. Es algo que siempre hemos hecho las que llevamos años cocinando para nuestras familias: dedicar un tiempo, cuando a nosotras nos viene mejor, en dejar preparadas diferentes elaboraciones. Luego, solo es cuestión de ir combinándolas y montando diferentes platos con ellas, a lo largo de la semana, cuando vamos más justas de tiempo.

Aunque pueda parecer un poco lío ver tantas recetas para cada bol o plato, no te asustes porque todas ellas son realmente sencillas. ¡Mis recetas siempre son fáciles de preparar!

BOL DE QUINOA Y TOFU CON HUMMUS DE ALCACHOFA, NARANJA Y MOSTAZA

Este es un bol sencillo, ideal para los amantes de las alcachofas que quieran probar nuevas formas de prepararlas. Por lo que si tú también eres fan... ¡Esta receta es para ti! Aunque también puedes preparar este bol en cualquier otra época del año, no tienes por qué esperar a que haya alcachofas. Para ello simplemente sustituye el hummus elaborado con esta hortaliza por cualquier otra que te guste, y seguro que también te quedará un bol estupendo. Además, la sencillísima receta de tofu que te sugiero estoy convencida de que formará parte de muchas otras comidas o cenas rápidas, ya que queda delicioso... ¡Y se prepara en muy pocos minutos!

¿QUÉ LLEVA EL BOL?

- Hummus de alcachofa, naranja y mostaza
- Quinoa cocida
- Tofu a la plancha con mostaza
- Hojas verdes con aliño de ajo
- 1 aguacate laminado

HUMMUS DE ALCACHOFA, NARANJA Y MOSTAZA

RECETAS PARA 2 BOLES

4 alcachofas

1 y ½ T de judías blancas cocidas (270 g)

1 C de mostaza antigua o de Dijon

¼ T de AOVE (60 ml)

1 diente de ajo horneado

3 C de zumo de naranja

1 chorrito de zumo de limón (opcional)

tomillo fresco (opcional)

Hornea las alcachofas, a las que les habrás quitado las hojas más duras y los pelitos del centro, partidas por la mitad. Ponlas en una fuente, junto con 2 dientes de ajo, échales un chorrito de AOVE e introdúcelas en el horno, precalentado a 180 °C, durante unos 30 min o hasta que estén tiernas.

Deja que se enfríen un poco y tritura en la batidora junto con el resto de ingredientes. Reserva.

Este es un hummus sin tahini, ya que al añadirlo, el sabor de la alcachofa prácticamente desaparece. A mí me gusta así, pero si tú quieres, puedes añadirle 1 C a la receta.

Nota

El paso de hornear lo puedes hacer con antelación y después simplemente triturarlo todo o también puedes preparar el hummus entero y guardarlo en un tarro bien tapado en la nevera. Es mejor hornear 2 dientes de ajo, aunque en la receta yo ponga 1, porque puede que a ti te guste con más sabor a ajo y así lo tienes ya horneado. Si no, siempre puedes añadirlo a cualquier otra elaboración, como una crema de verduras o a cualquier otro hummus o untable.

la receta continúa en la página siguiente >

QUINOA

1 T de quinoa cruda (180 g)

1 y ½ T de agua mineral (375 ml)

1 pizca de sal

Lava bien la quinoa con abundante agua, escúrrela y ponla a cocer con el agua y la sal. Cuando empiece a hervir, baja el fuego y deja cocer hasta que se consuma el líquido.

Apaga, tapa y deja reposar unos minutos.

TOFU A LA PLANCHA CON MOSTAZA

200 g de tofu firme

1 C de AOVE

1 C de sirope de arce o agave crudo

1 C de mostaza antigua (la que tiene granitos)

1 pizca de sal

Mezcla muy bien el sirope y la mostaza en un bol pequeño.

Prensa con las manos o con algo de peso el bloque de tofu para que suelte el exceso de líquido. Haz filetes no muy gruesos y baña cada uno de ellos en la mezcla anterior.

Luego, pásalos por la plancha con un poco de aceite hasta que estén dorados, dales las vuelta y vuelve a hacer lo mismo por el otro lado.

ALIÑO PARA LAS HOJAS VERDES

2 C de AOVE

1 c de mostaza antigua

1 c de vinagre de manzana

1 c de sirope de agave crudo

1 pizca de sal

½ o 1 diente de ajo fresco (opcional)

unas gotas de agua si la mezcla está espesa (opcional)

Prensa o pica bien finito el medio ajo y mézclalo con el resto de ingredientes del aliño. Si utilizas el que te ha sobrado de hornear, puedes batirlo todo junto.

PARA MONTAR LOS BOLES

Echa en un bol o plato hondo un puñado de hojas verdes, 4 o 5 tomates cherry y unas láminas de cebolla roja fresca. Añade el aliño y mezcla bien.

Al lado pon la mitad de quinoa cocida, la mitad del tofu, ½ T de hummus añadiéndole ralladura de naranja y limón por encima y, si quieres, un poco más de tomillo fresco.

Añade medio aguacate laminado y decora con semillas de calabaza o frutos secos.

DELICIAS BRUNCH

Este plato es ideal para "brunchear" y en él reúno algunas de mis comidas favoritas ¡para disfrutarlas todas a la vez! Es ideal para preparar el fin de semana y servirlo como brunch, pero también puedes preparar las recetas por separado para cualquier comida entre semana o unas tostadas para tomar a media mañana. Tiene una rica combinación de sabores dulces y salados que encantará a todos. Y si además lo acompañas con el postre que te sugiero... ¡tendrás una comida deliciosa y la mar de completa!

¿QUÉ LLEVA EL PLATO?

- Boniatos al horno con cítricos y aromáticas
- Tofu revuelto con champiñones
- Ensalada simple
- 1 tostada de aguacate

BONIATOS AL HORNO CON CÍTRICOS Y AROMÁTICAS

2 boniatos (unos 700 g)

6 C de AOVE

2 naranjas (solo la piel rallada fina)

½ limón (solo la piel rallada fina)

1 c de romero

1 c de tomillo

Pon a precalentar el horno a 180 °C y, mientras tanto, prepara el aliño mezclando muy bien en un cuenco todos los ingredientes de la lista, menos los boniatos.

Lava bien los boniatos, sécalos y córtalos en gajos, como en la foto, dejando la piel.

Mézclalos con el aliño que has preparado anteriormente, vigilando que todos los gajos queden impregnados, y colócalos en una bandeja de horno, cubierta con un papel antiadherente, dejando una separación para que se cuezan bien. Hornea durante unos 30 min o hasta que estén tiernos. Cuando estén listos, espolvoréalos con sal gruesa y sírvelos calientes.

ENSALADA SIMPLE

2 puñados de hojas verdes

⅓ T de col lombarda en tiras finas (30 g)

⅓ T de remolacha cruda en tiras (25-30 g)

1 puñado de nueces

2 puñados de semillas de granada

salvia fresca picada por encima

Aliño

1 c de mostaza antigua

2 C de AOVE

1 c de sirope de agave crudo

1 c de vinagre de manzana

sal al gusto

Mezcla muy bien todos los ingredientes del aliño hasta que tenga una consistencia un poco gelatinosa. Échalo por encima de las ensaladas.

la receta continúa en la página siguiente >

TOFU REVUELTO CON CHAMPIÑONES

1 y ½ C de AOVE

120 g de champiñones

5 o 6 tomates cherry

200 g de tofu firme

2 C de agua

1 c colmada de cebolla en polvo

1 c rasa de ajo en polvo

1 c colmada de orégano seco

½ c de cúrcuma en polvo

4 C de salsa de tomate casera (pág. 37)

sal

perejil fresco picado para decorar

Echa el aceite en una sartén y, cuando esté caliente, añade los champiñones, pelados y laminados, junto con una pizca de sal. Deja que se hagan tapados a fuego medio de 3 a 5 min o hasta que se empiecen a dorar. Remueve de vez en cuando.

Incorpora los tomates cherry partidos por la mitad y cocina unos minutos más.

Añade el tofu desmenuzado con las manos, junto con 2 C de agua y algo más de sal, y cocina todo a fuego medio-bajo durante unos 10 min removiendo de vez en cuando.

Añade la cebolla, el ajo, el orégano, la cúrcuma, la salsa de tomate y continúa cocinando unos minutos más.

Rectifica de sal y sirve caliente.

TOSTADAS DE AGUACATE

2 rodajas de pan de espelta integral (pág. 31) o el que prefieras (sin gluten si quieres que la receta final lo sea)

1 aguacate en su punto

1 tomate maduro o 5-6 tomates cherry

2 c de levadura nutricional

1 chorrito de zumo de limón

sésamo negro

escamas de sal gruesa

1 chorrito de AOVE aromatizado

albahaca fresca picada

Tuesta el pan y, mientras tanto, machaca la pulpa del aguacate con un tenedor y añade un chorrito de zumo de limón. Añade también la levadura nutricional y vuelve a mezclar.

Cuando el pan esté tostado, echa un chorrito de AOVE por encima, añade la mezcla de aguacate machacado y, encima de este, el tomate en rodajas, ralladura de limón al gusto, semillas de sésamo, escamas de sal y albahaca fresca bien picada.

Notas

- No dejes de utilizar hierbas aromáticas frescas y variadas, como hago en este plato, le dan un sabor fantástico a todo el conjunto.
- A mí me gusta utilizar aceites aromatizados en la tostada, que preparo con AOVE y hierbas aromáticas frescas. En la página 41 podrás encontrar varias ideas.
- Este plato lo puedes acompañar con mi "mousse de chocolate y naranja sin azúcar" que puedes encontrar en la pág. 166, para tener una comida completa, festiva y deliciosa.

MI POKÉ BOWL VEGANO

Un poké bowl es un plato completo, originario de Hawai, compuesto de cereal cocido y varios ingredientes frescos. La palabra poké significa "cortar" en hawaiano y es por ello que los poké bowls se elaboran con una base, normalmente de arroz, y diferentes pescados crudos cortados en trozos y marinados. Es un plato muy sabroso y refrescante y se puede hacer con un montón de ingredientes y combinaciones. En esta receta sustituyo el pescado por tofu, y también el arroz de sushi que lleva la receta original, por basmati integral. Aunque tú puedes utilizar el cereal que más te guste.

¿QUÉ LLEVAN LOS BOLES?

- Arroz basmati cocido
- Edamame cocidas y peladas
- Algas
- Tofu marinado
- 1 mango pequeño o ½ grande
- 6-8 rodajas de pepino
- 2 rábanos
- 1 aguacate
- Cebolleta china (para decorar y darle sabor)
- Cilantro fresco al gusto
- Sésamo tostado al gusto
- Sal
- Tamari o salsa de soja (esta lleva gluten)(por encima, opcional)

ARROZ BASMATI COCIDO

¾ T de arroz basmati integral (130 g)

Lava bien el arroz y ponlo a hervir con 1 y ½ T de agua y una pizca de sal, hasta que se consuma todo el líquido. Tapa y reserva.

Consejo

Si quieres, puedes preparar más cantidad y así lo podrás tener para utilizarlo en otras elaboraciones durante los siguientes días.

EDAMAME

100 g de edamame ya cocidas y sin vaina

El edamame se cuece en 5 min en agua hirviendo. Es un producto congelado, que se vende en bolsas y que nunca he encontrado fresco. Puedes hervir el contenido de toda la bolsa, luego solo hay que quitarles la vaina a las que necesites, o a todas, y guardar las que te sobren para otras ensaladas o elaboraciones.

la receta continúa en la página siguiente >

ALGAS

⅔ T algas hidratadas (preparadas con aceite de sésamo, sirope, vinagre de arroz y sal)

Pon en remojo 2 C de algas wakame, durante unos 10 min.

Cuando estén hidratadas, escúrrelas bien y añade 2 c de aceite de sésamo tostado, 1 c de sirope de agave crudo, 1 c de vinagre de arroz y una pizca de sal. Pruébalas y ajusta a tu gusto rectificando alguno de los ingredientes.

Reserva.

TOFU MARINADO

250 g de tofu firme

6 C de salsa soja o tamari

5 C de zumo de lima

1 c de ajo en polvo

3 C azúcar de coco

1 c vinagre de arroz

2 C jengibre fresco exprimido

½ de lima rallada (solo la piel)

2 c aceite de sésamo tostado

Aliño

½ o 1 c de salsa sriracha (dependiendo de lo picante que te guste)

3 C de mantequilla de cacahuete o de almendra (pág. 29)

Trocea el bloque de tofu en 4 partes y ponlo a cocer en abundante agua durante 20 min. Luego escúrrelo, deja que se enfríe y reserva.

Mientras tanto, prepara el marinado, y cuando el tofu esté frío, córtalo en daditos pequeños, mézclalo todo bien y guárdalo en la nevera, en un táper que cierre bien, como mínimo 1 h. Lo puedes preparar el día anterior (si te acuerdas, dale la vuelta al táper al menos una vez para que se impregne todo por igual).

Cuando vayas a servir los boles, retira el tofu marinado y bate el líquido junto con los ingredientes de la lista del aliño. Rectifica de cualquier ingrediente si es necesario.

PARA MONTAR LOS BOLES

Corta el mango y el aguacate en cuadritos, echa la mitad del arroz cocido en cada uno de ellos y ve añadiendo el resto de ingredientes uno al lado del otro.

Sirve con cebolleta china picada, cilantro fresco, semillas de sésamo tostadas y el aliño que has preparado. Remueve bien antes de tomarlo para que se mezclen todos los sabores y añade algo más de salsa de soja si te apetece.

Nota

Si te gusta con más sabor, cuando lo sirvas puedes echarle más salsa de soja o tamari al bol, o también unas gotitas más de aceite de sésamo tostado.

BOL CON HAMBURGUESAS DE GUISANTES Y MISO, PURÉ DE PATATA Y ALIÑO DE FRESAS Y LIMA

(utilizando avena certificada sin gluten)

Este es un bol muy primaveral, ya que dos de sus ingredientes principales están en plena temporada en dicha estación: los ricos guisantes y las deliciosas fresas. Los primeros los he preparado en forma de hamburguesa y con las fresas he elaborado un riquísimo aliño, acompañándolo todo con un puré de patata sencillo. Con sus preciosos colores y su especial sabor... ¿quién puede resistirse a probarlo?

¿QUÉ LLEVAN LOS BOLES?
- Hamburguesas de guisantes y miso
- Puré de patata
- Aguacate
- Hojas verdes
- Aliño de fresas y cacahuetes
- Cebollino fresco

HAMBURGUESAS DE GUISANTES Y MISO

6-8 PEQUEÑAS

2 C de AOVE

½ T de cebolla picada fina (60 g)

4 o 5 champiñones

½ T de guisantes pelados (frescos o congelados) (55-60 g)

½ T de copos de avena (50 g)

½ T de caldo vegetal (125 ml)

2 c de salsa de soja o tamari

2 c de miso blanco

semillas de sésamo crudo (para rebozar)

Echa el aceite en una sartén y, cuando esté caliente, añade la cebolla picada.

Cuando esté traslúcida, echa los champiñones limpios y laminados y sofríelos también hasta que estén dorados.

Añade entonces los guisantes, la avena y el caldo, y cocina un poco más, removiendo, durante unos minutos a fuego bajo. Verás que ya no queda líquido.

Apaga el fuego y añade el miso, remueve para que se integre en la masa y añade también la salsa de soja, removiéndolo todo muy bien.

Haz hamburguesas con las manos, de tamaño pequeño o mediano. Rebózalas en sésamo crudo y ponlas en una sartén, a fuego medio, en la que previamente hayas puesto un poco de aceite y ya esté caliente. Cuando estén doradas por un lado, dales la vuelta y cocínalas por el otro.

Nota

Utiliza los copos de avena sin gluten certificados para asegurarte de que la receta final no lo contiene, si no tienes problemas con el gluten, puedes utilizar copos convencionales.

la receta continúa en la página siguiente >

ALIÑO DE FRESAS

½ T de fresas cortadas en daditos (70 g)

1 c de vinagre de arroz

1 C de mantequilla de cacahuete (pág. 29)

1 c de miel

1 c de salsa de soja o tamari

½-1 c de zumo de lima

Bate bien con una batidora pequeña o de mano todos los ingredientes del aliño y échalo por encima de los boles.

Para veganizar este aliño, sustituye la miel por algún sirope de tu elección.

PURÉ DE PATATA

2 T de patata cocida (420-440 g)

3 C de leche de almendras

3 C de AOVE

sal

levadura nutricional al gusto (opcional)

Lava bien 3 o 4 patatas medianas y cuécelas con piel en abundante agua hirviendo, hasta que estén tiernas.

Cuando puedas manipularlas sin quemarte, quítales la piel y echa 2 T de patata cocida en un bol (no dejes que se enfríen mucho, ya que manipulándolas en caliente es más fácil que los ingredientes se integren mejor y quede un puré más cremoso).

Aplasta las patatas un poco con un tenedor, añade el resto de ingredientes y continúa chafándolo todo hasta que quede una mezcla homogénea y cremosa. Rectifica de cualquiera de los ingredientes hasta conseguir la textura y el sabor que te guste. También le puedes añadir levadura nutricional al gusto para darle un toque de sabor a queso y aumentar su valor nutricional.

PARA MONTAR LOS BOLES

Pon un puñado de hojas verdes en cada uno y, añade medio aguacate por persona y el resto de ingredientes, repartiéndolos entre dos. Decora con cebollino fresco picado.

PLATO CON BERENJENA GLASEADA AL MISO Y MEDALLONES DE TEMPEH CON ALIÑO DE PERA Y SÉSAMO

(utilizando avena certificada sin gluten)

Con este plato te vas a enamorar de las berenjenas para toda la vida, ya que están cocinadas, en mi opinión, de una de las maneras más deliciosas que he probado jamás: glaseadas. Cuando las veas salir del horno, te será difícil resistirte a su fantástico aspecto dorado y caramelizado. Y cuando las pruebes... ¡mmm!... podrás comprobar que de este modo quedan para chuparse los dedos. ¡Además, son realmente sencillas de preparar! Aquí las acompaño con unos medallones de tempeh, un poco de mijo o quinoa cocido y un poco de ensalada fresca.

¿QUÉ LLEVA EL PLATO?

- Berenjenas glaseadas
- Medallones de tempeh
- Ensalada simple con ½ aguacate
- Quinoa o mijo cocido
- Aliño de pera y sésamo
- Cebolleta china
- Sésamo tostado
- Cilantro fresco picado

BERENJENAS GLASEADAS

2 berenjenas medianas

1 C de AOVE (y algo más para untar la bandeja)

2 C colmadas de miso (yo mezclo 1 C de miso blanco y 1 C de miso genmai o mugi)

1 C de mirin

½ C de azúcar de caña integral o de coco

½ c de zumo de jengibre rallado

1 diente de ajo

semillas de sésamo

1 cebolleta china

Lava las berenjenas y pártelas por la mitad. Hazles unos cortes en la pulpa, tanto horizontales como verticales, y ponlas boca abajo en una bandeja de horno untada con un chorro de aceite. Hornea a 180 °C durante 30 min o hasta que al pincharlas estén tiernas.

Mientras tanto ve preparando el glaseado, mezclando el ajo prensado con el resto de ingredientes.

Cuando las berenjenas estén tiernas, sácalas, dales la vuelta y unta la pulpa con una capa de glaseado.

Vuelve a meterlas en el horno unos minutos, esta vez boca arriba y solamente con la parte de arriba del horno funcionando, y hornea unos 5 o 7 min o hasta que la superficie esté dorada.

Nota

En el plato solo he puesto una mitad, pero puedes servir dos mitades por persona.

la receta continúa en la página siguiente >

MEDALLONES DE TEMPEH

8 MINIS

100 g de tempeh natural

2 C de AOVE

1 cebolla mediana

1 zanahoria mediana

1 diente de ajo

sal

1 o 2 C de harina de avena

2 C de leche vegetal

1 C de tamari

¼ c de nuez moscada molida

Pon a hervir el tempeh cortado en 2 o 3 trozos en abundante agua hirviendo durante 20 min.

Mientras tanto, pica la cebolla en cuadraditos pequeños y ponla a sofreír en el aceite caliente. Seguidamente echa la zanahoria bien picada. Cuando esté todo medio hecho, añade el ajo prensado y la sal. Remueve bien, cocina 1 min más y añade el tempeh desmenuzado, mezclándolo todo.

Añade la harina, la leche vegetal, el tamari y la nuez moscada. Vuelve a remover bien y apaga el fuego.

Cuando la masa se enfríe un poco, forma las hamburguesas y pásalas por una sartén con un poco de aceite hasta que se doren por ambos lados. También puedes untarlas con un poco de aceite y hornearlas.

Notas

- Añade una pizca más de harina si ves que la masa se te deshace.
- Si eres celíaco o intolerante, asegúrate de que la harina de avena que utilizas es libre de gluten para que esta receta lo sea también.

ALIÑO PARA LA ENSALADA

1 pera mediana

1 C de tahini blanco

2 c de zumo de limón

4 c de aceite sésamo

4 c de vinagre de arroz

2 c de tamari

1 pizca de sal

Bate todos los ingredientes hasta conseguir una textura homogénea.

CEREAL COCIDO

(elige uno de los dos)

⅓ T de mijo seco (65 g) y 1 T de agua mineral (240 ml)

¾ T de quinoa seca (135 g) y 270 ml de agua mineral

1 pizca de sal

Lava el cereal, escúrrelo y ponlo a cocer junto con el agua y la sal a fuego medio y luego bajo hasta que el líquido se consuma.

PARA MONTAR LOS PLATOS

Echa una porción de cereal cocido en el plato, al lado un poco de ensalada fresca con medio aguacate, media berenjena glaseada con cebolleta fresca por encima, y minihamburguesas de tempeh. Rectifica de sal, añade el aliño de pera, sésamo tostado y cilantro fresco picado. Añade un chorrito de tamari al plato si quieres darle más sabor o necesitas ajustar el punto de sal.

BUDDHA BOWL CON KALE SALTEADA, ZANAHORIAS HORNEADAS Y ALIÑO DE PIMIENTA DE SICHUAN

Este es sin duda uno de los boles favoritos de mi familia. Las zanahorias horneadas siempre hacen de cualquier plato una fiesta y el aliño de pimienta de Sichuan te conquistará por su potente y delicioso sabor. Si no la conoces, la pimienta de Sichuan es una especia simplemente espectacular. Es la pimienta favorita de los grandes chefs, ya que su aroma y sabor son inigualables y destaca por encima de cualquier otra variedad de pimienta del mercado. Podrás encontrarla fácilmente en comercios asiáticos, y te recomiendo comprarla siempre en grano para luego molerla en casa, a medida que la vas necesitando, para que no pierda ni un ápice de su riquísimo sabor.

¿QUÉ LLEVAN LOS BOLES?

- Zanahorias horneadas
- Arroz basmati integral
- Hojas verdes
- Kale salteada con ajo
- Alubias ojo negro, o las que prefieras, cocidas
- Aguacate
- Brotes germinados
- Semillas de sésamo
- Cilantro fresco
- Aliño

ZANAHORIAS HORNEADAS

1 manojo de zanahorias

1 chorrito de AOVE

Lava las zanahorias bajo el grifo y límpiales la piel todo lo posible con un cepillo de verduras.

Pártelas por la mitad y ponlas en una fuente con un chorro de AOVE y una pizca de sal.

Introdúcelas en el horno previamente calentado y hornea a 180 °C durante unos 30 min o hasta que estén tiernas.

ARROZ BASMATI INTEGRAL COCIDO

1 T de arroz basmati integral crudo (180 g)

2 T de agua mineral (500 ml)

1 pizca de sal

Lava bien el arroz en abundante agua, hasta que esta salga limpia.

Ponlo en un cazo junto con el agua, lleva a ebullición y deja cocer a fuego bajo, medio tapado, hasta que el agua se consuma.

Deja tapado y reserva.

la receta continúa en la página siguiente >

ALIÑO DE MISO Y PIMIENTA DE SICHUAN

4 C de miso blanco

4 c de vinagre arroz

4 C de yogur de soja sin azucarar

½ c de pimienta de Sichuan recién molida

1 diente de ajo

1 pizca de leche vegetal (para conseguir la textura deseada)

Para preparar el aliño tritura los granos de pimienta y mezcla todos los ingredientes removiendo muy bien.

Añade un poco de leche vegetal si queda muy denso, hasta conseguir la textura deseada.

Rectifica de sal si es necesario.

KALE SALTEADA CON AJO

5 T de hojas de col kale sin el tronco ya troceadas (4 hojas, 90 g)

2 C AOVE

2 o 3 dientes de ajo

½ T de caldo vegetal (125 ml)

Lava muy bien las hojas de kale, quítales el tronco central y los nervios más gruesos. Trocéalas y reserva.

Prensa los ajos o pícalos finos y saltéalos en el aceite caliente unos 10 segundos.

Añade la kale troceada, remueve, añade el caldo, tapa y deja cocer a fuego medio-bajo hasta que se consuma el líquido. Rectifica de sal si es necesario.

PARA MONTAR LOS BOLES

Por cada bol echa un puñado de hojas verdes en el fondo.

Añade la mitad del arroz cocido encima, a un lado, la mitad de la kale salteada, ½ T de alubias cocidas, unas cuantas zanahorias horneadas, un puñadito de brotes, medio aguacate laminado y echa por encima la mitad del aliño preparado. Decora con semillas de sésamo tostado y cilantro fresco picado.

RAMEN VEGANO

Hace ya un tiempo que los boles de ramen están de moda y cada día es más amplia la oferta de restaurantes especializados en este tipo de comida, sobre todo en las grandes ciudades. Estos cuencos deliciosos, enormes, humeantes y repletos de ingredientes han conquistado nuestros paladares y corazones. Es por ello que yo no podía quedarme sin compartir contigo la receta que preparamos en casa... ¡y que tanto disfrutamos los días que hace frío! En este caso te propongo una sabrosa opción vegana, sin ninguna proteína animal, a la que siempre podrás añadir un huevo, en el caso de que quieras aumentar la cantidad de proteína, y así obtener un plato vegetariano muy completo.

¿QUÉ LLEVA EL BOL?

- Tofu
- Vegetales
- Caldo
- Leche vegetal
- 2 tipos de miso
- Jengibre
- Tamari
- Aceite de sésamo
- Alga nori
- Semillas de sésamo
- Cebolleta fresca

TOFU

400 g de tofu firme

2 C de aceite de sésamo

4 C de tamari

Primero prensa un poco el bloque de tofu para que suelte el líquido y córtalo en láminas.

Pon en una sartén 2 C de aceite de sésamo y saltea el tofu 1 min por cada lado.

Cuando esté listo, añade las 4 C de tamari, o salsa de soja, y deja que se cocine, hasta que no quede líquido, volteándolo de vez en cuando.

Reserva.

FIDEOS

fideos para ramen

Cuece los fideos según las instrucciones del paquete, cuela y reserva.

la receta continúa en la página siguiente >

SOPA

1 C de AOVE o el aceite vegetal que prefieras

1 cebolla mediana

1 puerro

8 setas shiitake grandes

4 T caldo de verduras (1 l)

3 o 4 tallos de bok choy (o espinacas)

¼ T de leche de soja (60 ml)

1 C de miso dulce

2 C de miso genmai (tipo medio sin gluten)

1 c de zumo de jengibre rallado

2 C de tamari (y algo más al final)

Echa el aceite en una olla, y, cuando esté caliente, incorpora la cebolla y el puerro cortados finos en juliana.

Sofríe hasta que la cebolla esté traslúcida, si ves que antes se va a quemar, añade 1 o 2 C de agua y baja el fuego, para que se acabe de hacer sin tener que añadir más aceite.

Añade después los ajos prensados o picados bien finos, da una vuelta e incorpora las setas limpias y laminadas. Espera 1 o 2 min y echa el jugo de jengibre.

Echa el caldo y, cuando esté caliente, retira un poco en un vasito para disolver en él las 3 C de miso (el blanco y el marrón). Mientras tanto echa los bok choy (o espinacas) partidos por la mitad en la olla y, a fuego medio, deja que se hagan durante unos 2 min. Añade la leche en la olla y remueve.

Cuando esté bien caliente, apaga el fuego, añade el tamari y el miso disuelto y remueve muy bien.

PARA MONTAR LOS BOLES

Toppings

1 o 2 c aceite de sésamo

tamari al gusto

sésamo tostado al gusto

cebolleta fina

alga nori en tiras o copos (opcional)

Añade una ración de fideos cocidos en cada bol. Encima 2 cucharones de la sopa que has preparado, en uno de los lados el bok choy y en el otro el tofu salteado.

Echa los toppings: el aceite de sésamo tostado, algo más de tamari hasta encontrar el punto que te guste, cebolleta fina fresca laminada y sésamo tostado por encima.

Notas

- También puedes hacer los bok choy por separado, haciendo lo mismo en una olla con agua hirviendo. De esta manera quedarán más blancos y limpios y, al ponerlos en el bol, quedarán un poco más ordenados, pero esto es solo por estética.
- Si quieres un plato vegetariano, puedes añadirle un huevo, que habrás cocido previamente durante unos 6 o 7 min en agua hirviendo. Este tiempo permite que la clara quede cocida y dura y la yema medio blanda. Luego solo tienes que pelarlo, partirlo por la mitad y ponerlo en otro de los lados del bol.

BOL DE QUINOA CON LOMBARDA Y REMOLACHA Y HUMMUS DE COLORES

Este es un bol sabroso y muy jugoso, gracias a que la quinoa se cocina con diferentes ingredientes que le aportan un sabor delicioso. Yo la sirvo con hummus de colores que, además de aportarle alegría al plato, le da un punto extra de suavidad, al mezclarse con el resto de ingredientes. ¡Para emplatar puedes elegir solo uno de los hummus propuestos o utilizar ambos en el mismo bol!

¿QUÉ LLEVAN LOS BOLES?

- Quinoa con lombarda y remolacha
- Berenjenas a la plancha
- Hummus de cúrcuma y espárragos blancos
- Hummus de remolacha asada
- Aguacate
- Zanahoria
- Hojas verdes
- Eneldo fresco

QUINOA CON LOMBARDA Y REMOLACHA

1 T de quinoa cruda (190 g)

¾ T de agua (180 ml)

⅓ T de remolacha cruda (30-40 g)

¾ T de leche vegetal (180 ml)

2 C de AOVE

1 cebolla morada

1 y ½ T de col lombarda picada (150 g)

½ T de vino blanco (125 ml)

1 c de ajo en polvo

½ c de semillas de alcaravea

sal y eneldo fresco

Lava bien la quinoa, cuélala y ponla a cocer junto con el agua.

Mientras tanto bate la leche con la remolacha cruda hasta que quede bien fina.

Cuando se absorba el líquido de la cocción, echa el batido de remolacha que acabas de preparar, un poco de sal y sigue cociendo a fuego bajo hasta que se evapore todo el líquido. Tapa y reserva.

En un sartén sofríe la cebolla bien picada, cuando esté traslúcida añade la lombarda, sofríe unos minutos y añade el vino y las especias. Deja cocer hasta que el vino se evapore. Rectifica de sal.

Mezcla ambas elaboraciones y sirve caliente con un buen puñado de eneldo fresco por encima.

la receta continúa en la página siguiente >

BERENJENAS A LA PLANCHA

1 berenjena grande o 2 pequeñas

AOVE

sal

Lava las berenjenas, córtalas en láminas longitudinales y échales un poco de sal.

Ponlas en un colador, para que suden, durante unos 10 min.

Luego límpialas con papel absorbente y hazlas a la plancha con un poco de AOVE hasta que estén doradas y hechas por ambos lados.

HUMMUS DE CÚRCUMA Y ESPÁRRAGOS BLANCOS

1 T de garbanzos cocidos (170 g)

1 C de tahini blanco (pág. 29)

½ c de cúrcuma en polvo

2 C de AOVE

2 C de zumo de limón

½ diente de ajo

1 pizca de pimienta negra molida

3 espárragos blancos en conserva

sal

Tritúralo todo muy bien y sirve decorado con un poco de pimentón y un chorrito de AOVE.

HUMMUS DE REMOLACHA ASADA

1 T de garbanzos cocidos (170 g)

¼ T de remolacha horneada (30 g)

1 C de tahini blanco (pág. 29)

1 y ½ C de zumo limón

2 C de AOVE

½ diente de ajo

1 c de semillas de alcaravea

½ c de sal

Tritúralo todo muy bien hasta conseguir una textura homogénea. Si no te gusta muy espeso, siempre puedes echar un poco de agua para que tenga una textura más ligera.

Rectifica de sal o de limón y deja enfriar un rato en la nevera. Sirve con un chorrito de AOVE por encima.

PARA MONTAR LOS BOLES

A un lado del bol, pon una porción de quinoa ya preparada con eneldo fresco por encima. En medio unas láminas de berenjena asada. Luego medio aguacate laminado, el hummus que prefieras de los dos de arriba o los dos a la vez, y unas cuantas hojas verdes con zanahoria rallada. Decora con semillas de sésamo, pistachos troceados y un chorrito de AOVE, si lo deseas.

Variante

A esta receta le queda muy bien el sabor de las semillas de alcaravea, pero también puedes sustituirlas por comino y le darás a este hummus un toque diferente.

POSTRES Y HELADOS

En este capítulo he incluido elaboraciones dulces y frescas, pero puedes encontrar otro tipo de dulces que quizá te encajen también como postres en el capítulo de *Desayunos y meriendas*.

~ Postres ~

- **Mousse de chocolate y naranja sin azúcar**
- **Tarta sin horno de chocolate e higos**
- **Trufas saludables rellenas de mermelada de frutos rojos y chía**
- **Peras al horno con crema de vainilla y limón**
- **Parfait de fresas y yogur**
- **Panna cotta de coco y lima**
- **Parfait de piña y patata**
- **Bolitas de azukis y cacao**

Los helados elaborados con plátano o aguacate son uno de los mejores inventos de este siglo, ¿no crees? Yo me paso los meses de verano preparando varios a la semana y la verdad es que tengo a mi familia ¡la mar de contenta! ¡Ja, ja, ja! Así que, aquí te propongo 3 opciones sencillísimas y riquísimas para tener alternativas caseras y saludables a la hora de refrescarte este verano. Las tres opciones son tan golosas y deliciosas que si me preguntas cuál es mi favorita... ¡no soy capaz de elegir solo una!

~ Helados ~

- **Helado de plátano y chocolate con salsa salada de miso**
- **Helado de chocolate y aguacate**
- **Helado de plátano y cacahuetes**
- **Polos de fresa y tofu**
- **Minicheesecakes de frambuesa**

MOUSSE DE CHOCOLATE Y NARANJA SIN AZÚCAR

Este postre, o capricho de media tarde, tiene una textura entre mousse y natilla de chocolate muy agradable y refrescante. Su delicioso sabor es la combinación del potente chocolate y la aromática naranja, una combinación infalible para conquistar a cualquiera. Hace ya unos años que lo preparo y una de las cosas que más me gusta es que no lleva ni un solo gramo de azúcar o endulzante añadido. Solamente ingredientes naturales con una alta densidad nutricional que nos aportarán una gran cantidad de vitaminas y minerales, ¡a la vez que disfrutamos mientras los tomamos!

PARA 2 PERSONAS

1 T de leche de almendras casera (250 ml) (pág. 24)

1 c de extracto de vainilla

3 o 4 dátiles medjoul deshuesados (dependiendo del dulzor que quieras)

1 y ½ C de semillas de chía

2 C de cacao crudo

1 c de ralladura de piel de naranja (dividida)

Echa todos los ingredientes, pero solo la mitad de la piel de naranja, en una batidora potente y bate hasta conseguir una mezcla homogénea.

Sirve en vasitos y deja en la nevera unas cuantas horas para que espese y adquiera cuerpo. Decora con el resto de piel de naranja y alguna fresa o frambuesa.

Consejo

Cuando la vayas a preparar, haz el doble, porque te va a gustar tanto que seguro que al día siguiente ¡querrás volver a repetir!

TARTA SIN HORNO DE CHOCOLATE E HIGOS

Esta es una tarta riquísima y realmente fácil de preparar. Tiene la ventaja de que no hay que encender el horno ni cocinar nada, solamente triturar, mezclar y dejar enfriar... ¡así de sencillo! ¿Y su sabor? ¡Aprobado por todos los amantes del chocolate!
Utilizo higos secos en la base y frescos para decorarla. Para mí la combinación con higos es deliciosa, pero, si no los encuentras frescos o no te gustan, puedes utilizar cualquier otra fruta dulce de temporada para adornarla.

6 PORCIONES

Ingredientes para la base:

1 y ¼ T de nueces (120 g)

1 y ¼ T de higos secos (300 g)

5 c de aceite de coco

Relleno

8 C de manteca de cacao derretida (56 g)

8 C de cacao crudo en polvo

8 C de sirope de agave crudo

7 C de nata de soja (o cualquier otra nata vegetal cremosa)

1 c de extracto de vainilla

2 o 3 vainas de cardamomo (solo las semillas molidas)

1 pizca de sal

Tritura todos los ingredientes de la base con una procesadora de alimentos y forra un molde de 34 x 10 cm. Reserva.

Mezcla muy bien todos los ingredientes del relleno y forra la base con él, dejando la superficie lo más fina y uniforme posible. Deja reposar en la nevera unas 4 h hasta que el relleno se haya solidificado.

Sirve con higos frescos por encima.

Variante

Con las mismas cantidades puedes hacer tartaletas individuales. Salen unas 6.

TRUFAS SALUDABLES RELLENAS DE MERMELADA DE FRUTOS ROJOS Y CHÍA

Aunque parezcan muy elaboradas, estas deliciosas trufas saludables son más fáciles de hacer de lo que parece. Así que no lo pienses más ¡y ponte manos a la obra!... La mermelada la puedes dejar preparada uno o varios días antes y luego tan solo tendrás que triturar los demás ingredientes, rellenar las bolitas, bañarlas en chocolate y dejarlas enfriar ¡Todo supersencillo! ¡Y una vez hechas, verás que feliz te sientes al poderlas compartir con quien más quieres!

22 UNIDADES

½ T de almendras crudas (70 g)

1 T de dátiles medjoul deshuesados (unos 10) (225 g)

½ c de extracto de vainilla

100 g de chocolate negro (72 % mínimo)

1 c de aceite de coco

frambuesas liofilizadas (para decorar)

En una procesadora de alimentos tritura bien las almendras hasta hacerlas trocitos muy pequeños o una harina muy gruesa. Añade los dátiles deshuesados y la vainilla, y continúa triturando hasta que se forme una bola. Quedará una masa con una consistencia bastante blanda, así que métela en la nevera unos 30 min, o en el congelador durante unos 10 min, para que endurezca un poco.

Estira la masa con un rodillo entre dos láminas de film transparente hasta que tenga ½ cm aproximadamente de grosor. Con un cortagalletas redondo, ve separando la masa en porciones, aplastando un poco cada una de ellas con los dedos, echando ½ c de mermelada (encontrarás la receta en la página siguiente) en el centro y cerrando con los dedos, como haciendo una bolsita. Se tiene que quedar pegado (si se te pega mucho la masa, manipúlala con las manos un poco humedecidas. Tiene que tener una consistencia blandita para que luego al comerlas sean más suaves). Reserva.

Derrite al baño María el chocolate troceado junto con la cucharadita de aceite de coco. Mezcla bien y baña las trufas en el chocolate deshecho. Escúrrelas al sacarlas y decóralas con un poco de frambuesa liofilizada mientras el chocolate esté caliente. Guárdalas en la nevera un ratito para que el chocolate se solidifique y quede crujiente.

Las que no vayas a consumir métetelas en un recipiente bien cerrado en la nevera. Durarán en perfecto estado varios días. También las puedes congelar y disfrutar en otro momento cuando te apetezcan.

MERMELADA DE FRUTOS ROJOS

1 T de frutos rojos mezclados (fresas, arándanos, frambuesas...) (130 g)

2 C de azúcar de coco

½ c de zumo de limón

1 C de semillas de chía

Trocea las frutas bien pequeñitas, échalas en una olla pequeña o cazo y añade el azúcar y el zumo.

Pon a cocer unos 10 min a fuego medio-bajo removiendo de vez en cuando. Deja que se enfríe un poco, tritura y añade las semillas de chía removiendo muy bien para que no queden grumos.

Deja reposar como mínimo 1 h, mejor más.

Notas

- Puedes congelarlas e ir consumiéndolas cuando te apetezca (sácalas un ratito antes de consumirlas).
- Seguramente te sobrará mermelada que puedes guardar en la nevera en un tarro hermético y consumir en los siguientes días.

En mi web

Si te gustan los dulces densos y contundentes como este, en mi web podrás encontrar uno de mis superfavoritos: mis "barritas de cacahuete y caramelo al punto de sal". Son simplemente... ¡espectaculares! Búscalas con ese nombre en *www.deliciaskitchen.com* y... ¡¡¡verás qué delicia!!!

PERAS AL HORNO
CON CREMA DE VAINILLA Y LIMÓN

Estas peras horneadas quedan dulces y jugosas, y su exquisito sabor a vainilla y limón es una combinación que siempre conquista. Es el postre perfecto para cuando tengas invitados, porque podrás dejar las peras horneadas y la crema preparada y añadirla justo en el momento en que las vayas a servir... o también guardarlas en la nevera ¡y servir bien fresquitas!

PARA 4 PERSONAS

4 peras conferencia maduras pero firmes

150 ml de leche de arroz

¾ C de arrurruz

1 C de xilitol

½ c de extracto de vainilla

¼ de limón rallado

Lava las peras, pártelas por la mitad y ponlas en una bandeja de horno boca abajo. Introduce la bandeja en el horno previamente calentado a 180 °C, durante unos 25 min o hasta que estén blandas.

Mientras tanto, prepara la crema echando la leche en un cazo y disolviendo el arrurruz primero en el líquido frío o a temperatura ambiente. Luego añade el resto de ingredientes.

Lleva a ebullición, removiendo todo el rato, y baja un poco el fuego, sin dejar de remover, hasta que veas que va espesando. Mantenlo un poco más, removiendo, y retira del fuego.

Deja que se enfríe todo un poco y sirve las peras boca arriba, echándoles encima la crema, un poco más de ralladura de limón y frutos secos o la granola que más te guste.

Si las has hecho con antelación, resérvalas en la nevera. Bien fresquitas están deliciosas también.

Notas

- Si las peras no están lo suficientemente maduras, puede que necesites un poco más de endulzante. Y también puedes añadir más vainilla al gusto.
- Si no tienes arrurruz, puedes probar a utilizar otro almidón que haga de espesante.
- Puedes añadir el endulzante que prefieras.

PARFAIT DE FRESAS Y YOGUR

Con unos ingredientes tan simples como los que te detallo más abajo, vas a poder preparar un parfait, o vasito con varias capas, absolutamente delicioso. Este es un postre perfecto para ese día en que haces una comida ligera y dejas ese hueco al final para disfrutar con algo que te haga muy feliz. O también puede ser esa merienda especial y caprichosa que a todos nos apetece de vez en cuando...
Esta elaboración es a su vez muy ligera, si la comparamos con otros postres más convencionales y pesados. Y más fácil de preparar imposible, ya que solamente hay que machacar algún que otro ingrediente y luego juntarlo todo. Si tienes niños, les encantará... y a los adultos... ¡ni te digo!

PARA 1 PERSONA

Base

1 C de crema de cacao y avellanas casera o nutella saludable (pág. 238)

1 c de leche vegetal (la que prefieras)

2 rodajas de plátano maduro

Segunda capa

⅓ - ½ T de yogur de coco (100 ml) (pág. 26)

1 c sirope de agave crudo (si el yogur no lleva endulzante)

3 a 5 fresas maduras

Toppings

más fresas al gusto

arándanos al gusto

semillas de granada al gusto

Machaca las rodajas de plátano con un tenedor, añade la crema de cacao y la leche y mézclalo todo. Ponlo en el fondo del vaso.

Machaca las fresas, añade el sirope al yogur, mézclalo y júntalo con las fresas machacadas. Echa esta preparación encima de la de crema de cacao.

Añade unas 4 o 5 fresas más medio aplastadas encima, unos cuantos arándanos y unas semillas de granada. Sirve frío.

Nota

Las cantidades son para una persona, multiplica cantidades según las personas que seáis.

PANNA COTTA DE COCO Y LIMA

Esta receta mezcla dos sabores exóticos y refrescantes. La panna cotta es un postre típico de Italia que se elabora con nata, que tiene una fantástica textura sedosa y un increíble sabor. La panna cotta que yo te propongo es mucho más ligera al estar elaborada únicamente con ingredientes vegetales. Creo que te gustará esta versión bastante más saludable y que ¡sin duda te sentará muchísimo mejor!

PARA 2 PERSONAS

250 ml de leche de coco cremosa estilo thai

1 lima (solo la piel)

¼ c de agar-agar en polvo

¼ c de arrurruz

2 C de xilitol o el endulzante que prefieras (yo utilizo uno blanco para que queden blancas)

Cacahuetes caramelizados (opcional)

1 c de agua

1 C de azúcar de coco o integral

¼ T cacahuetes pelados y tostados (33 g)

1 pizca de vainilla

unas gotitas de zumo de lima (opcional)

Echa en un cazo la leche, pero aparta una pequeña cantidad en un vasito para disolver el arrurruz y el agar-agar en polvo. Mézclalo todo bien con una cucharilla y cuando no queden grumos añade la mezcla al cazo, junto con el xilitol y la piel de lima rallada. Enciende el fuego y ve removiendo a fuego medio hasta que empiece a hervir. Baja el fuego y continúa removiendo durante 1 min más o menos o hasta que veas que empieza a espesar un poco. Apaga el fuego, tapa y deja reposar 5 min.

Cuela la mezcla, asegúrate de presionar los restos de piel de lima para aprovechar toda su esencia. Echa la mezcla en 2 vasitos de 125 ml y deja que se enfríe. Guárdala en la nevera bien tapada.

Para preparar los cacahuetes, echa en un cazo el azúcar y el agua y, a fuego lento, deja que el azúcar se vaya deshaciendo. Cuando esté, añade los cacahuetes troceados, la vainilla y algunas gotitas de zumo, y ve removiendo hasta que el líquido solidifique y los cacahuetes estén envueltos en él.

Déjalos enfriar y guárdalos en un bote bien cerrado hasta que los vayas a utilizar.

Sirve los vasitos de panna cotta con los cacahuetes por encima con unas gotitas de sirope de agave crudo y una pizca de ralladura de lima.

Nota

Puedes utilizar el endulzante que más te guste para preparar esta receta. Yo utilizo xilitol o agave en polvo para que la panna cotta se mantenga de color blanco. Utilizando un azúcar integral quedará un pelín más oscura, pero igual de buena.

PARFAIT DE PIÑA Y PATATA

Un capricho dulce y saludable en el que combino la siempre exótica piña –que tiene que estar dulce y madura– con té, chocolate y vainilla. Es una receta perfecta para cuando tienes sobras de patata cocida (puedes ver más sobre sus propiedades prebióticas en la pág. 84), y también ganas de disfrutar de un rico y dulce postre o tentempié.

PARA 2 PERSONAS

½ T (125 ml) de té negro earl grey ya preparado

1 T de piña madura (160 g)

½ T de patata cocida (110 g)

2 dátiles medjoul

¼ c de extracto de vainilla

Base chocolateada

3 dátiles medjoul

1 C de cacao crudo en polvo

ralladura de limón al gusto

¼ c de jengibre en polvo (opcional)

Toppings

yogur de coco (receta pág. 26)

granola de chocolate y coco (pág. 234)

Antes de preparar la receta, infusiona una bolsita de té earl grey o chai en ½ T de agua hirviendo y mantenla tapada unos minutos. Luego deja que se enfríe por completo.

Bate todos los ingredientes hasta conseguir una mezcla homogénea y fina.

Para hacer la base chocolateada, retira ½ T de la mezcla anterior y haz una mezcla aparte junto con los 3 dátiles medjoul, el cacao en polvo y el jengibre en polvo. Añade cáscara de limón rallada al gusto y remueve.

Para servir, divide esta última mezcla chocolateada en dos vasitos, añade encima la mitad de la primera mezcla (la de color amarillo) y arriba del todo, en cada vasito, 2 C de yogur de coco. Termina el parfait con granola de chocolate, jengibre y coco al gusto.

Nota

Si no tienes té earl grey, puedes utilizar té negro chai, y si no quieres o no puedes utilizar té, seguro que quedará rico con alguna infusión que lleve especias.

BOLITAS DE AZUKIS Y CACAO

Si a alguien de tu familia o de tus amigos le cuesta comer legumbres, esta es la manera perfecta de que lo haga ¡sin que ni siquiera se dé cuenta! Estas dulces bolitas chocolateadas, además de estar riquísimas, son ricas en proteínas, fibra y nutrientes. Yo las he querido incluir en este capítulo porque pueden ser perfectas después de una comida ligera, y de esta manera terminar satisfecha y feliz. Pero si lo prefieres, puedes tomarlas como snack de media tarde o de media mañana.

32-36 BOLITAS

300 g de azukis cocidas

1 y ½ C de aceite de coco líquido

5 C de cacao crudo en polvo

8 dátiles medjool grandes

1 C de sirope de agave crudo o arce

1 C de crema de almendras o tahini blanco (pág. 29)

1 y ½ c de extracto de vainilla

1 pizca de sal

1 naranja grande (la cáscara)

½ T de nueces picadas

cacao en polvo

Pon en remojo 1 T (250 g) de azukis crudas durante unas 8-12 h y sigue los pasos para cocinar esta legumbre en la pág. 30 del capítulo de *Básicos*. Este paso deberías hacerlo con antelación porque las azukis se deben enfriar para preparar esta receta.

Guarda las azukis que te van a sobrar en un recipiente hermético en el frigorífico y añádelas a alguna ensalada o cualquier otro plato en los siguientes 2 o 3 días.

Deshuesa los dátiles y échalos en la procesadora de alimentos junto con el resto de ingredientes menos las nueces. Tritura bien hasta que todo se convierta en una mezcla homogénea y no quede ningún trozo sin triturar. Añade las nueces bien picadas y remueve bien.

Ahora hay que meter la mezcla en la nevera para que sea más fácil de manipular, pero también porque dejándola de un día para otro los sabores se mezclan e intensifican.

Al día siguiente forma las bolitas, rebózalas en cacao y sírvelas.

Si lo prefieres, en vez de rebozarlas, puedes bañarlas en chocolate como las trufas rellenas de mermelada (pág. 170).

¿Sabías que... ?

Las judías azukis son legumbres originarias de Japón, cuyo consumo nos aporta unos beneficios nutricionales excepcionales. En cocina natural se las considera las reinas indiscutibles de las legumbres. Son rojizas, tienen forma de riñón, y, según la medicina tradicional china, son un alimento que depura, estimula y fortalece este órgano, además de equilibrar el organismo. Contienen proteínas completas de alta calidad y tienen la ventaja de no producir tantos gases intestinales ni flatulencias como el resto de legumbres. Es un alimento muy utilizado en la alimentación macrobiótica, tienen un alto contenido en ácido fólico y minerales como el hierro, el fósforo o el magnesio. Tienen un sabor bastante neutro y por ello es muy fácil incorporarlas en elaboraciones saladas, pero también en preparaciones dulces. Los japoneses elaboran helados y diferentes dulces con ellas, siendo los más conocidos los famosos "dorayakis" ¡que comía siempre Doraemon!

HELADO DE PLÁTANO Y CHOCOLATE CON SALSA SALADA DE MISO

La clave de este helado tan simple y tan especial es la salsa salada de miso que combina a las mil maravillas con el resto de ingredientes. Cuando la preparé por primera vez, todos en casa se sorprendieron al encontrar el sabor salado, pero después de la primera cucharada todos estuvieron de acuerdo en que... ¡era uno de los helados saludables más ricos, especiales y apetecibles que habían tomado hasta entonces!

PARA 2 PERSONAS

4 plátanos congelados

2 C de cacao crudo en polvo

2 dátiles medjoul (opcional)

½ c de extracto de vainilla

Salsa

2 c de miso blanco

2 c de sirope de agave crudo

1 pizca de agua (para conseguir una textura un poco líquida)

Toppings

pistachos picados

minipretzels de espelta

Haz la salsa de miso, mezclando bien en un bol sus ingredientes. Reserva.

Saca los plátanos del congelador y déjalos unos minutos fuera para que se reblandezcan un poco y los puedas partir con la mano en dos o tres trozos.

Échalos junto con el resto de los ingredientes del helado en una batidora de alta potencia y bate bien hasta que se forme una mezcla homogénea. Puede que necesites echar un chorrito de leche vegetal para que se triture todo mejor.

Si se te ha deshecho mucho, mételo unos minutos en el congelador para que se endurezca un poco.

Sirve en boles con la salsa por encima y unos cuantos pistachos picados.

Nota

Los minipretzels los encontrarás fácilmente en cualquier comercio... y quedan fenomenal en esta receta, aportándole un toque crujiente y saladito inigualable. Si no tienes, puedes utilizar alguna otra opción un pelín salada y crujiente.

HELADO DE CHOCOLATE Y AGUACATE

Este helado es extracremoso y atención: no lleva ni un solo gramo de azúcar ni ningún tipo de endulzante. ¡Solamente fruta seca! Es verdad que es un helado extrasaludable, y aún así, gusta a todo el mundo: peques y mayores. La mejor variedad de aguacate para preparar esta receta es la Hass, y lo ideal es que esté maduro pero no pasado, ya que es mucho más cremoso y eso es justo lo que necesitamos. Hay otras variedades que contienen menos grasa, pero no nos interesan, ya que pueden aportar una textura y sabor muy diferentes, haciendo que el resultado final no sea tan agradable. Teniendo en cuenta esto, espero que te encante la idea ¡¡y la disfrutes muchísimo!!

PARA 2-3 PERSONAS

1 lata de 400 ml de leche de coco cremosa

1 aguacate mediano maduro (pero no en exceso)

4 C de cacao crudo

4 o 6 dátiles medjoul deshuesados (dependiendo de la leche que utilices y del aguacate)

1 C de vainilla

chocolate negro de calidad troceado por encima

1 pizca de sal (opcional)

Pela y quita los huesos de los dátiles y del aguacate. Introduce todos los ingredientes en una batidora potente y bate hasta que quede una textura muy cremosa.

Introduce la mezcla en una heladera y, cuando termine el proceso, si lo quieres un poco más espeso, mételo un rato en el congelador para que adquiera mayor consistencia. Cuidado con dejarlo mucho rato porque se puede endurecer demasiado.

Decora con chocolate negro troceado por encima.

Nota

Si no tienes heladera, tienes dos opciones:

1. Hacerlos en versión polo, que quedan estupendos también y salen muy cremosos.
2. Hacer la mezcla con el aguacate congelado y triturarlo todo muy bien con una batidora potente. En este caso te recomendaría utilizar solamente la parte sólida de la leche (que previamente habrás tenido en la nevera para retirar esa parte sólida fácilmente). Mételo en el congelador para que endurezca, removiendo de vez en cuando con una cuchara para que no se formen cristales de hielo. No dejes que se endurezca demasiado, este helado está mucho más rico cuando está cremoso.

HELADO DE PLÁTANO Y CACAHUETES

Y, por supuesto, no podía faltar en este libro, en el que incluyo muchas de mis recetas favoritas, mi versión de helado saludable con mantequilla de cacahuete. Si te chifla el sabor a cacahuete, esta supersencilla y veraniega receta... ¡te encantará!

PARA 2 PERSONAS

4 plátanos congelados

½ T de mantequilla de cacahuete (120 g) (pág. 29)

1 c de extracto de vainilla

20 g de chocolate negro (mínimo 72 %)

Topping

cacahuetes caramelizados

Para preparar el helado, saca los plátanos del congelador, deja que se reblandezcan unos minutos, trocéalos con las manos en 2 o 3 partes y bátelos bien en una batidora de alta potencia hasta conseguir una mezcla homogénea. Puedes echarle un poco de leche vegetal si ves que no se trituran bien. Cuando la mezcla esté lista, añádele el chocolate bien picado y mézclalo todo. Si no tienes una batidora muy potente y notas que no tiene una consistencia de helado, mételo un ratito en el congelador hasta que coja consistencia. Sirve en boles con los cacahuetes caramelizados por encima y, si quieres, un poco de chocolate derretido, que enseguida se congelará y quedará crujiente.

CACAHUETES CARAMELIZADOS

1 puñado de cacahuetes tostados (20 g)

2 C azúcar de coco

1 C agua mineral

Para preparar los cacahuetes, trocéalos y échalos en un cazo en el que añadirás también el azúcar y el agua. Primero a fuego medio y luego a fuego bajo, removiendo de vez en cuando, caramelízalos hasta que el líquido coja una consistencia espesa.

Ten cuidado que no se peguen. Sácalos y ponlos en un papel antiadherente para que se enfríen.

Nota

Si tienes heladera, puedes echar en ella la mezcla obtenida después de batir, para darle una textura un poco más densa y echar ahí el chocolate troceado. Y si no tienes, también puedes poner la mezcla obtenida un ratito en el congelador para que coja esa consistencia.

En mi web

Una de las combinaciones de helado saludable que más gusta es la de frambuesas y albahaca. Te animo muchísimo a que lo pruebes, porque ¡te va a sorprender lo riquísimo que está! Entra en *www.deliciaskitchen.com* y busca la receta allí.

POLOS DE FRESA Y TOFU

Supongo que no esperabas encontrar tofu en la lista de ingredientes para preparar polos, ¿verdad? Pero no te asustes, que no es ningún error, sino un ingrediente fantástico para aportar densidad y una textura sedosa a polos, helados y demás postres, sin añadir ningún sabor extraño. El sabor lo aportan las ricas fresas que, junto con el resto de ingredientes, convierten estos polos en... ¡otro de nuestros postres o snacks favoritos del verano!

8 UNIDADES

200 g de fresas limpias

200 g de tofu sedoso

5 C de xilitol

¼ T de leche vegetal (la que más te guste) (60 ml)

1 y ½ C de aceite de coco

Bate muy bien todos los ingredientes, reparte la mezcla en los moldes para polos y congela durante unas 6 h como mínimo.

Una vez más utilizo un endulzante blanco para mantener el bonito color rosa de las fresas, pero puedes utilizar cualquier azúcar integral.

Nota

Dependiendo de la leche vegetal que utilices y del grado de dulzor que te guste, puedes añadir más endulzante.

¿Sabías que... ?

Hay diferentes formatos de tofu en el mercado, desde el más firme y duro hasta el sedoso, que es el que utilizo en esta receta. Los más firmes son perfectos para elaboraciones saladas y sustituir a las proteínas animales. Dependiendo de la marca puede ser más o menos firme, a mí no me gusta que lo sea demasiado, me gusta que aunque sea firme, tenga una textura un poco blanda. El más sedoso es el ideal para postres y cualquier elaboración dulce, pero también se puede utilizar en muchas recetas saladas.

¿Dónde comprarlo?

El tofu sedoso lo encontrarás en supermercados o tiendas ecológicas en las que tengan un buen surtido de productos.

MINICHEESECAKES DE FRAMBUESA

Estas minitartitas son el postre ideal para terminar una comida en familia o con amigos de una manera dulce y saludable. Al poder servir raciones individuales, no es necesario esperar mucho tiempo a que se reblandezcan un poco para poderlas disfrutar. Las frambuesas aportan un delicioso toque entre ácido y dulce que hace que esta receta tenga ese sabor tan rico y especial.

12-14 UNIDADES

Base

1 T de nueces (90 g)

1 T de almendras crudas (140 g)

2 C de cacao en polvo

½ c de extracto de vainilla

1 pizca de sal

Relleno

½ T de anacardos (60 g)

½ T de leche coco cremosa (125 ml)

¾ T de frambuesas frescas (divididas) (100 g)

2 y ½ C de xilitol o agave en polvo

½ C de aceite de coco

½ c de zumo de limón

¼ c de extracto de vainilla

Pon los anacardos en agua durante unas 4 h como mínimo, aunque mejor si los dejas toda la noche.

Prepara la base triturando en una procesadora de alimentos los frutos secos hasta que se conviertan en una harina gruesa. Añade el resto de ingredientes, mezcla y pon una pequeña cantidad en el fondo de cada molde, prensándola bien. Reserva (yo utilizo un molde de silicona para minimuffins o magdalenas de 4,5 cm de diámetro).

Para preparar el relleno bate bien todos los ingredientes y solamente ½ T (65 g) de frambuesas, hasta conseguir una mezcla cremosa. Añade el resto de frambuesas, desmenuzadas, dentro del relleno y mezcla bien.

Echa esta mezcla en los moldes, encima de la base. Tápalos y mételos en el congelador unas 8 h.

Cuando los vayas a servir, puedes preparar un poco de chocolate derretido con 50 g de chocolate negro de calidad y ½ c de aceite de coco si solamente quieres unos hilitos o 100 g y 1 c de aceite si quieres añadirle más. Únicamente tienes que deshacerlo al baño María, mezclarlo bien y echarlo por encima. Enseguida se endurecerá. Puedes volver a meterlos en el congelador, e ir consumiéndolos cuando quieras, si no vas a servirlos enseguida.

En mi web

Si quieres otra deliciosa receta de tartitas individuales, pero en versión chocolateada, no te puedes perder mi "dulce helado de coco y cardamomo". Lo encontrarás en *www.deliciaskitchen.com*, es muy sencillo de preparar y está... ¡para chuparse los dedos!

DESAYUNOS Y MERIENDAS
PARA GOLOSOS

En este capítulo no hay recetas saladas, todas son dulces o tienen un sabor dulzón. Si prefieres alternativas saladas en el desayuno o entre horas, en el capítulo de *Platos principales*, e incluso en el de aperitivos, encontrarás diferentes opciones que te pueden gustar. Algunas de ellas ya van con ideas para servir, pero tú puedes acompañarlas o rellenar con lo que más te guste.

- Gofres de avena y cacahuete
- Tortitas de espelta y espinacas

~ Boles y tarros ~

- Porridge de mijo en grano con algarroba y crema de almendras
- Bircher muesli
- Pudding de chía y rosas con dulce de pera y arándanos
- Pudding de chía dorado con granola de cúrcuma
- Smoothie bowl de aguacate y manzana
- Smoothie bowl de frambuesas y coliflor
- Smoothie bowl de chocolate y frijoles
- Açaí bowl con paçoca y chocolate

~ Al horno ~

- Carrot cake vegano
- Bizcocho de remolacha, limón y amapola
- Galletas de amaranto y algarroba con trocitos de chocolate
- Muffins de espelta integral con cúrcuma y pera
- Bizcocho de plátano y chocolate vegano
- Donuts de avena
- Blondie de garbanzos y cacahuetes con chocolate y cerezas

~ Barritas ~

- Barritas de trigo sarraceno y bayas de goji
- Barritas de arroz hinchado y cacahuetes

~ Granolas y nutella saludable ~

- Granola de chocolate, coco y vainilla
- Granola de cúrcuma
- Crema de cacao, avellanas y maca o nutella saludable

GOFRES DE AVENA Y CACAHUETE

(utilizando avena certificada sin gluten)

En mi familia no podemos ser más fans del sabor a cacahuete y por eso nos encanta preparar recetas que tengan este sabor.
La crema o mantequilla de cacahuete casera (que encontrarás en la lista de ingredientes) es una preparación que nunca falta en mi despensa, y, de hecho, siempre ando preparando nuevas recetas que la incluyan, para continuar disfrutando de su delicioso sabor. Uno de nuestros snacks favoritos son los cacahuetes tostados con cáscara al natural, sin sal ni nada añadido.
¿Eres tan fan como nosotros de este rico ingrediente? ¡Entonces no dejes de probar esta sencilla y deliciosa receta!

2-3 GOFRES

¾ T de leche de almendras (180 ml)

1 T de copos avena (100 g)

¼ T de manteca de cacahuetes (60 g) (pág. 29)

1 C de azúcar de coco

½ c de extracto de vainilla

¼ c de levadura para hornear

⅛ c de bicarbonato

Echa todos los ingredientes en una batidora potente y bátelo todo hasta que quede una masa totalmente homogénea.

Ve echando la masa en los huecos de la gofrera previamente engrasada y caliente, y espera los minutos que sean necesarios hasta que se cocinen. Cada gofrera, dependiendo de lo profunda o fina que sea, necesita más o menos tiempo de cocción. Si la abres antes de tiempo y no están dorados, vuelve a cerrarla y espera unos minutos más.

Variante

Si no tienes gofrera, puedes preparar tortitas con la masa. Seguramente te quedarán un poco más húmedas, pero estarán deliciosas también.

TORTITAS DE ESPELTA Y ESPINACAS

Aquí tienes unas tortitas muy básicas, en versión integral y saludable, con el toque diferente de las espinacas. Estas le aportan un precioso color verde, sin que se note en absoluto ningún sabor extraño. Esta es una buena manera de incorporar pequeñas dosis de verdura en la dieta de los niños y no tan niños, ¡sin que se den cuenta!

6 UNIDADES

½ T de harina de espelta (70 g)

¼ T de leche vegetal (60 ml)

½ plátano

½ T de hojas de espinacas (15 g)

½ c de levadura para hornear

⅛ c de bicarbonato

½ c de aceite de coco

1 pizca de ralladura de limón

Toppings

yogur de tu elección

fruta y sirope de arce al gusto

Bate todos los ingredientes hasta conseguir una mezcla homogénea.

Echa unas gotas de aceite de coco en una plancha o sartén y, cuando esté caliente, ve tomando cucharadas y echándolas, formando las tortitas.

Cuando salgan burbujas dales la vuelta y continúa con la cocción 1 min más.

Sírvelas con yogur de coco, fruta y sirope.

PORRIDGE DE MIJO EN GRANO CON ALGARROBA Y CREMA DE ALMENDRAS

Descubrí los porridges hace ya algunos años, y desde entonces me siento perdidamente enamorada de ellos. Son mi opción preferida para desayunar cuando las temperaturas empiezan a bajar y siempre voy variando los ingredientes dependiendo de lo que tengo en casa.

Aunque los originales, y más comunes, son los elaborados con copos de avena, que son los que preparo más habitualmente, aquí he querido compartir una versión elaborada con un grano entero. Concretamente el mijo, ya que es uno de los granos que más calorcito nos aporta en los días fríos... ¡y de esta manera obtendremos un desayuno perfecto para entrar en calor! Además, este me gusta mucho porque no lleva ningún tipo de endulzante añadido, ¡solamente fruta!

1 BOL

½ T de mijo en grano (100 g)

2 T de agua mineral (500 ml)

2 dátiles medjoul

½ T de leche de almendras (125 ml)

½ C de algarroba en polvo

½ C de cacao crudo en polvo

½ c de extracto de vainilla

1 plátano maduro grande o dos pequeños (dividido)

1 C de manteca de almendras casera (pág. 29)

Lava bien el mijo, escúrrelo y ponlo en un cazo junto con el agua y los dátiles deshuesados y troceados finos. Llévalo a ebullición y luego baja el fuego para seguir con la cocción hasta que se consuma todo el líquido.

Añade entonces la leche vegetal, la algarroba, el cacao, la vainilla y la crema de almendras, remueve bien y sigue cociendo algún minuto más, removiendo de vez en cuando.

Apaga el fuego y añade la mitad del plátano aplastado con un tenedor, mezcla bien y sirve echando encima la otra mitad del plátano en rodajas, arándanos frescos y avellanas troceadas.

Notas

- Este porridge es también ideal si tienes mijo ya cocido que te haya sobrado de otra receta. Únicamente tendrás que añadir un poco más de líquido para que se reblandezca un poco, volver a cocer hasta que este se consuma y añadir luego el resto de ingredientes.
- Yo nunca echo sal a los granos, legumbres o pseudocereales que cocino como básicos, porque así los puedo utilizar en otras recetas dulces, como en este caso, o en recetas saladas añadiendo luego la sal.

¿Sabías que... ?

El mijo es uno de los alimentos más ricos en silicio, el mineral responsable de que nuestro cabello y uñas estén en perfecto estado. También tiene un alto contenido en hierro, por lo que su consumo es ideal para personas con problemas de anemia. Recuerda siempre acompañarlo de alimentos ricos en vitamina C para facilitar su absorción.

BIRCHER MUESLI

(utilizando avena certificada sin gluten)

El bircher muesli es la versión original de la avena remojada durante toda la noche, que todos conocemos y tan de moda está hoy en día. La inventó el Dr. Max Bircher, un médico suizo, pionero en la alimentación natural a finales del siglo XIX.
Hay muchas versiones diferentes, pero generalmente hay tres ingredientes que siempre se incluyen y que son los responsables de su característico sabor: manzana, limón y yogur.
Yo aquí te dejo dos opciones, una con zumo de manzana y otra con agua y manzana rallada. Escoge la que más te guste o convenga dependiendo de los ingredientes que tengas cuando lo vayas a preparar. En cualquier caso... ¡Es una receta muy fresca, natural y saludable, que siempre sienta fenomenal!

RECETA CON ZUMO

5 o 6 C de avena en copos

120 ml de zumo de manzana

1 C de zumo limón

3 C de yogur vegetal

2 ciruelas secas

RECETA CON MANZANA RALLADA

4 C de avena en copos

120 ml de agua (para variar, puedes mezclar agua y zumo de naranja)

1 manzana pelada y rallada (guarda una parte para echarla encima)

1 C de zumo de limón

3 C de yogur vegetal

2 ciruelas secas

Toppings

manzana laminada

miel al gusto (o sirope para una opción vegana)

almendras picadas

Pon todos los ingredientes en un tarro. Las ciruelas córtalas en trocitos pequeños. Remueve con una cucharita y déjalo bien tapado toda la noche en la nevera.

Por la mañana añade los toppings y disfrútalo.

Notas

- También puedes prepararlo con compota de manzana si ya la tienes preparada en la nevera.
- Puedes añadir canela al gusto para darle un toque más especiado.

Veganiza esta receta

Utiliza algún sirope en lugar de la miel.

PUDDING DE CHÍA Y ROSAS CON DULCE DE PERA Y ARÁNDANOS

Siempre me ha encantado el aroma a rosas, por eso la primera vez que pude probar y comerme algo con este sabor, quedé totalmente fascinada. Fue hace muchísimos años, cuando viví en Inglaterra, y fue en forma de delicia turca, un dulce que en ese país era, y es, fácil de encontrar debido al gran número de gente de diferentes culturas y países que vive allí.
Ahora que sé lo fácil que es disfrutar de este delicado y único sabor, me lo paso en grande experimentando y añadiéndolo en algunas de mis preparaciones.
Si no lo has probado nunca y crees que te puede gustar, desde aquí te animo a hacerlo, porque siempre es fascinante probar y descubrir cosas nuevas… ¿no te parece?

2 TARROS

200 ml de leche de almendras

¼ T de semillas de chía (40 g)

1 C de sirope de agave crudo

2 o 3 gotas de esencia o aroma de rosas o 3 C de agua de rosas (hidrolato)

Puré de frutas

1 pera conferencia madura y dulce

1 dátil medjoul

1 puñadito de arándanos

Echa las semillas de chía, el agua de rosas, el endulzante y la leche en un tarro. Mezcla bien y mete el tarro tapado en la nevera. Vuelve a mezclar después de un rato, si te acuerdas, para que no se formen tantos grumos, si no, no pasa nada.

Prepara la base de frutas, batiendo la pera, los arándanos y el dátil muy bien, y reparte el resultado en el fondo de dos tarros. Por la mañana, solo tienes que mezclar bien la mezcla del pudding y añadirlo encima del puré de frutas, repartiéndolo entre los dos tarros.

Sírvelo decorado con más arándanos. Mezcla las dos capas al tomarlo.

Notas

- Asegúrate de que la pera esté bien madura para que la mezcla quede dulce y rica, y no te arruine la preparación. Si es bastante dulce es posible que no necesites ni siquiera endulzar el pudding. Todo depende del grado de dulzor que te guste.
- Puedes guardar los dos tarros ya preparados en la nevera, si no los vas a consumir en ese momento.
- Tanto la esencia o aroma como el agua de rosas, los podrás encontrar en la sección de aromatizantes de algunas tiendas ecológicas, junto a la vainilla y los demás. Si no, siempre podrás encontrarlos en tiendas especializadas en artículos de pastelería.

PUDDING DE CHÍA DORADO CON GRANOLA DE CÚRCUMA

Este riquísimo pudding de chía es una buena manera de empezar el día, y una de las más golosas para ingerir nuestra dosis de antiinflamatorio natural, o lo que es lo mismo, de poderosa cúrcuma. ¡Prepáralo por la noche, y tendrás un superdesayuno por la mañana o una fantástica dosis de energía en tu merienda!

PARA 2 PERSONAS

150 ml de leche de almendras

6 c de semillas de chía

¾ c de cúrcuma en polvo

1 pizca de pimienta negra molida

¼ c de canela molida

1 plátano maduro

¼ c de aceite de coco

1 c de sirope (opcional si no le añades la granola y te gusta bastante dulce)

Para servir

granola de cúrcuma (pág. 236)

yogur de coco (pág. 26)

Para preparar el pudding echa todos los ingredientes (menos el plátano, el aceite, el yogur y el sirope si no lo vas a tomar con granola) en un tarro con tapa, remueve bien y déjalo en la nevera tapado durante unas 8 h.

Cuando esté listo, machaca el plátano maduro y añádeselo al pudding junto con el aceite, mezclándolo todo muy bien.

Para servir los vasitos echa un poco de granola dorada en el fondo, luego un poco de yogur de coco, encima el pudding de chía dorado, y para terminar más granola y arándanos frescos. Sirve bien fresquito.

¿Sabías que... ?

La cúrcuma es una raíz con grandes propiedades antioxidantes y antiinflamatorias. Es muy interesante incluirla en nuestra dieta, de alguna forma, a diario. Y se recomienda acompañarla de un poco de pimienta negra molida para aumentar la eficacia de la curcumina, su principio activo, y, si es posible, junto con una pizca de aceite (el que prefieras).

En mi web

Si todavía no has preparado ningún pudding de chía y quieres empezar por el básico, en *www.deliciaskitchen.com* encontrarás la receta y como prepararlo. A partir de ahí... ¡qué vuele la imaginación!

SMOOTHIE BOWL DE AGUACATE Y MANZANA

Este batido es uno de mis favoritos, y también uno de los más sencillos, suaves y cremosos, gracias a la consistencia del aguacate y la combinación con el resto de ingredientes. Su sabor es muy suave y tiene, en mi opinión, el punto justo de dulce. Pero, por supuesto, siempre le puedes añadir un dátil, si echas en falta un puntito extra de dulzor.
Es casi siempre mi primera opción de smoothie, por su simplicidad, por su sabor y porque sus ingredientes los tengo casi siempre en casa y, si no, son muy fáciles de conseguir.

PARA 1 PERSONA

¾ T de agua coco (180 ml)

½ aguacate

1 puñado de espinacas

1 manzana

1 c de zumo de limón

1 dátil medjoul (opcional)

fresas para decorar

Bate bien todos los ingredientes y decora con fresas frescas o la fruta que prefieras.

Nota

Añade un dátil extra si quieres un batido más dulce. Aunque te animo a que lo pruebes sin él. Es muy posible que te guste tal como está.

Dato nutricional

El agua de coco es una bebida muy hidratante que tiene un alto contenido en electrolitos. Estos son minerales imprescindibles que el cuerpo necesita para recuperarse después de hacer ejercicio. Tiene un efecto muy similar a las conocidas bebidas isotónicas, pero es una alternativa totalmente natural y, sin duda, mucho más recomendable.
Es una gran fuente de potasio, manganeso, magnesio y otros minerales como el calcio y el fósforo. Y, además de estar riquísima, tiene efectos antioxidantes, entre otros muchos beneficios.

SMOOTHIE BOWL DE FRAMBUESAS Y COLIFLOR

Este es un batido con efectos prebióticos si utilizamos en su preparación arroz cocido el día anterior, que nos haya podido sobrar de alguna otra receta (puedes leer más sobre este tema en el consejo de la ensalada de patata y remolacha de la página 84).
Es un batido cuyo sabor puede tirar a ácido debido a las frambuesas, aunque esto siempre dependerá de su punto de madurez. Puedes tomarlo solo, con toppings de fruta y frutos secos, o acompañarlo como he hecho yo, con unas tortitas de arroz hinchado y cacahuetes en tamaño mini, ¡qué están para chuparse los dedos!

PARA 1 PERSONA

½ T de frambuesas (60 g)

¼ T de arándanos (30 g)

¼ T de leche vegetal (60 ml)

¼ T de coliflor cruda o hervida (como prefieras) (20 g)

1 plátano maduro

¼ T de arroz rojo cocido (opcional) (30 g)

Bate las frambuesas con la leche y cuela la mezcla si quieres un batido con una textura fina, ya que ni la batidora más potente es capaz de deshacer las semillitas de esta fruta.

Añade el resto de ingredientes y vuelve a batir hasta conseguir la textura deseada.

El arroz cocido aporta más densidad al batido, pero es un ingrediente opcional si no lo quieres añadir o no lo tienes ya preparado y frío en la nevera.

Decora con alguna fruta fresca y, de manera opcional, con las tortitas dulces de arroz hinchado que te propongo aquí y que encontrarás en la página 232.

Nota

En esta receta he hecho las tortitas pequeñas con forma redondeada, pero también puedes hacerlas más grandes y con forma de barrita.

En mi web

Si te gustan los smoothie bowls, en *www.deliciaskitchen.com* tengo uno muy sencillo y especial. Se trata de mi "smoothie bowl de caqui y canela", una combinación que te sorprenderá ¡y sé que te encantará!

SMOOTHIE BOWL DE CHOCOLATE Y FRIJOLES

¡Un batido sorprendente y delicioso para desayunar o merendar! Y sí, has leído bien... está hecho con frijoles o, lo que es lo mismo, judías negras... o sea, ¡legumbres! ¡Ja, ja, ja! Pero si lo piensas bien... ¿no crees que puede ser una de las maneras más deliciosas de comerlas? Espero que te pique mucho la curiosidad y que te pongas manos a la obra con él enseguida... Cuando lo pruebes, ya me contarás si tengo razón o no...

½ T de frijoles cocidos (90 g)

1 T de leche de almendras (250 ml)

1 c de aceite de coco

½-¾ c de extracto de vainilla

1 C de harina de coco

1 C de cacao crudo en polvo

2 o 3 dátiles medjoul

Toppings

fresitas del bosque o los frutos rojos que más te gusten

quinoa hinchada o lo que quieras

Echa todos los ingredientes en una batidora potente y tritúralos hasta conseguir una mezcla fina y homogénea.

Sírvelo frío.

Dato nutricional

Los frijoles, como todas las legumbres, son una gran fuente de proteína vegetal y de fibra. Además, al dejarlas enfriar previamente (tal y como he hecho aquí), se crean almidones resistentes, prebióticos de buena calidad que pueden ser aprovechados por nuestra flora intestinal, beneficiándola.

AÇAÍ BOWL CON PAÇOCA Y CHOCOLATE

El açaí bowl se ha convertido en el snack/desayuno/merienda más famoso del planeta en estos últimos años. Lo puedes encontrar fácilmente en la mayoría de restaurantes y bares en los que sirven comida saludable, pero... ¿verdad que es mejor poder disfrutarlo en tu propia casa cada vez que te apetezca? Si tu respuesta es sí, te dejo aquí mi receta por si te apetece experimentar...
El açaí es una fruta tropical de origen brasileño y una de las que más antioxidantes contiene. En los restaurantes normalmente te prepararán este bol con la pulpa congelada de la fruta, pero como, por el momento, no es fácil encontrarla en los comercios, yo te propongo su versión en polvo, que es la que yo utilizo siempre y que además es fácil de guardar ¡y dura muchísimo!
Este riquísimo bol lo he acompañado y decorado con paçoca, una elaboración dulce típica también de Brasil que se prepara con cacahuetes y que, si te animas a probar, ¡verás lo sencilla, deliciosa y apetecible que es!

PAÇOCA CON CHOCOLATE

1 T de cacahuetes crudos pelados (150 g)

¼ T de azúcar de coco (37 g)

⅛ c de sal rosa del Himalaya o sal marina

2 C de harina de coco

30 g de chocolate negro (opcional)

Echa los cacahuetes en la bandeja del horno precalentado y hornea a 180 °C durante unos 5 min. No hace falta que se tuesten, solo que se calienten para que empiecen a liberar sus aceites.

Saca la bandeja y espera a que se templen para triturarlos en la procesadora de alimentos junto con el resto de ingredientes, menos el chocolate, hasta que se forme una harina gruesa.

Trocea el chocolate en porciones muy pequeñas con un cuchillo afilado y júntalo todo. Si no lo vas a añadir, omite este paso.

Utiliza un cilindro hueco de unos 3-4 cm, abierto por ambos lados, para introducir porciones de la mezcla. Tapa uno de los lados con los dedos y llena el cilindro con la mezcla. Presiona muy bien para compactar y que sea más fácil sacar la porción. Para retirarla, empuja con mucho cuidado y lentamente por uno de los agujeros para que no se rompa. Repite lo mismo con el resto de la mezcla. Guárdalas en un recipiente hermético en la nevera. Duran unos cuantos días.

la receta continúa en la página siguiente >

AÇAÍ

PARA 2 PERSONAS

4 plátanos

¼ T de leche de coco ligera (60 ml)

2 C de açaí en polvo

2 puñados de arándanos

Toppings

mango, arándanos, coco deshidratado

Echa todos los ingredientes en una batidora potente y bate bien, removiendo de vez en cuando, hasta que la mezcla tenga una textura de helado y esté uniforme.

Sirve inmediatamente con mango y arándanos, o la fruta que prefieras, y añade una porción de paçoca desmenuzada. Esta la puedes tener ya preparada y puedes guardar todas las porciones en un recipiente hermético en la nevera.

¡Y ahora, a disfrutar de cada cucharada!

Dato nutricional

El açaí no es solo uno de los frutos con mayor poder antioxidante, también es muy rico en vitaminas A, C y algunas del grupo B, y contiene minerales tan importantes en la dieta como el hierro y el calcio.

CARROT CAKE VEGANO

Y en este libro tampoco podía dejar de compartir mi bizcocho-tarta favorito de todos los tiempos: el de zanahoria o carrot cake.

En nuestro país se empezó a poner de moda hace algunos años, y ahora es realmente fácil encontrarlo en cualquier cafetería mona o en cualquier otra que tenga un buen surtido de bizcochos y tartas. Además, ahora hay todo tipo de versiones para disfrutar de su sabor: horneada, sin hornear, crudivegana, en cupcakes ¡y de muchas maneras más!

Yo lo probé por primera vez en Nueva York, hace ya más de veinte años, y desde el primer bocado supe que ¡era el sabor con el que llevaba soñando toda mi vida! ¡¡Ja, ja, ja!! Me sigue gustando tanto como el primer día, y ningún otro sabor de bizcocho o tarta ha conseguido ocupar su lugar aún.

Personalmente prefiero la versión vegana de este bizcocho, ya que de esta manera queda más jugoso. Pero abajo también te pongo las cantidades e ingredientes que tienes que cambiar en el bizcocho para preparar la versión convencional, aunque más saludable.

CARROT CAKE

80 ml de AOVE

½ T de compota de manzana (120 g) (pág. 28)

½ T de azúcar de coco (60 g)

150 g de harina de espelta

1 c de levadura para hornear

½ c de bicarbonato

¼-½ c de nuez moscada molida

1 c de canela molida

3 clavos machacados

¼ c de jengibre molido

200 g de zanahoria rallada

70 g de nueces

2 C de zumo de naranja

¼ T de pasas sultanas

½ c de extracto de vainilla

½ naranja rallada

Pon el zumo de naranja en un vasito pequeño y añade las pasas para que se remojen mientras lo vas preparando todo.

En un bol echa la compota y el azúcar y mézclalos. Añade el aceite y vuelve a mezclarlo todo bien. Reserva.

En otro bol pon la harina, la levadura, el bicarbonato y las especias secas. Remueve y añádelo al bol de ingredientes húmedos. Mezcla bien y añade la zanahoria rallada y el contenido del vasito de zumo con las pasas. Añade también la cáscara de naranja rallada y la vainilla. Incorpora las nueces picadas.

Echa la mezcla en un molde de unos 18 cm de diámetro, cubierto con papel antiadherente. Introdúcelo en el horno previamente calentado, y hornea a 180 °C durante unos 40 min con ventilador, o hasta que cuando introduzcas una varilla, esta salga limpia.

la receta continúa en la página siguiente >

FROSTING

½ T de anacardos (60 g)

3 C de crema o nata de coco (la parte densa de una lata de leche enfriada toda la noche en la nevera)

5 c de zumo de limón

3 o 4 C de agave en polvo o xilitol (para que quede blanco)

¼ c de extracto de vainilla

1 c de aceite de coco

Pon en remojo los anacardos la noche anterior o durante un mínimo de 8 h, y, cuando vayas a prepararlo, simplemente escúrrelos, lávalos bajo el grifo y tritúralos junto con el resto de ingredientes en una batidora, hasta que quede una mezcla de consistencia cremosa.

Guárdalo en la nevera unas horas para que solidifique.

SI QUIERES PREPARAR UNA VERSIÓN NO VEGANA DE CARROT CAKE

- Sustituye la compota de manzana por 2 huevos de tamaño normal.
- Añade ¼ T (70 g) de manzana rallada.
- Resta ¼ c de bicarbonato a la receta.
- El tiempo de cocción y el resto de la receta es igual.

Notas

- Si el AOVE te parece muy fuerte, puedes sustituirlo por un aceite más suave de tu elección.
- Si solo vas a poner frosting por encima tendrás bastante con la cantidad de la lista. Si quieres partirlo por la mitad y rellenarlo por dentro, deberás preparar el doble de cantidad.

Consejo

Este bizcocho queda mucho más rico si lo guardamos en la nevera y lo servimos frío. Añade el frosting cuando esté más sólido y guárdalo ya preparado, y bien tapado, en la nevera hasta que lo vayas a servir.

BIZCOCHO DE REMOLACHA, LIMÓN Y AMAPOLA

Los bizcochos siempre han sido mi perdición. Sea de lo que sea, si tengo un bizcocho cerca, ¡lo tengo que probar! Para mí es el dulce más amoroso que existe. Con los años he comprobado que le pasa lo mismo a más gente... Supongo que muchas personas tenemos el recuerdo de nuestras madres o abuelas horneando un rico bizcocho una tarde de sábado cualquiera...
Este en concreto lo he preparado con sabor a limón y coco y le he dado un rico toque crujiente con las semillas de amapola. Además, añadiendo remolacha ¡estamos aportando una hortaliza y más fibra a nuestra merienda o desayuno!

6 RACIONES

1 y ½ T de harina de espelta integral (200 g)

2 c de levadura para hornear

2 C de semillas de amapola

3 huevos ecológicos

90 g de yogur de soja sin azucarar

80 g de remolacha limpia

80 ml de aceite de coco derretido

½ T y 2 C de panela o azúcar de caña integral (95 g)

ralladura de 1 limón grande

1 pera madura (para decorar)

almendras laminadas (para decorar)

1 pizca de agave en polvo o algún otro endulzante en polvo

Corta la remolacha en trocitos y tritúralos en la batidora junto con el yogur y el aceite de coco hasta conseguir una mezcla homogénea y líquida.

Echa los huevos en un bol, bátelos bien y añade el azúcar y la mezcla que hemos preparado antes. Mezcla todo muy bien.

En otro bol echa la harina y la levadura, revuelve y añade esta mezcla al bol de los ingredientes líquidos. Añade las semillas de amapola, la ralladura de limón y mezcla hasta que todo esté bien integrado.

Engrasa un molde de unos 19 x 19 cm con un poco de aceite de coco y echa la mezcla. Decora la superficie de la masa con la pera pelada y laminada.

Introduce en el horno, previamente calentado a 180 °C, y hornea durante unos 30 min o hasta que al pincharlo con una varilla esta salga limpia.

Saca y deja enfriar antes de servir, espolvorea con unas cuantas almendras laminadas y un poco de agave en polvo para decorar.

¿Sabías que... ?

Las semillas de amapola quedan fantásticas en cualquier horneado, tanto dulce como salado, y, además de aportar su rico toque crujiente, son ricas en minerales como el calcio y el cobre.

GALLETAS DE AMARANTO Y ALGARROBA CON TROCITOS DE CHOCOLATE

A mi hijo le encantan las galletas de chocolate tipo cookies, con esa textura medio blanda que venden en algunas panaderías de barrio. Hacía mucho tiempo que me pedía que le hiciera esas galletas, pero yo no quería utilizar en su preparación ningún tipo de mantequilla ni de margarina para conseguir la textura que tienen, ya que son ingredientes que no utilizo nunca. Así que preparé estas que son más nutritivas, mucho más ligeras y sin gluten. El resultado es algo diferente, pero te aseguro que recién hechas ¡son irresistibles! Y a pesar de que, con la edad, mi hijo cada vez se está volviendo más rebelde respecto a sus gustos con la comida, en cuanto probó una, enseguida me dijo: ¡Riquísimas!... ¿Hay más? Tres palabras que cuando cualquier hijo te las dice seguidas en una misma frase... ¡tienen la magia de hacer feliz a cualquier mamá!

8-9 UNIDADES

1 T de harina de amaranto (125 g) (te explico cómo hacerla en la preparación)

½ T de almendra molida (50 g)

1 c de levadura para hornear

½ c de bicarbonato

4 C de harina de algarroba

½ T y 2 C de panela o azúcar de caña (95 g)

1c de vinagre de manzana

½ T de leche de almendras (125 ml)

30 ml de aceite de coco derretido

½ c de extracto de vainilla

un poco de chocolate negro (mínimo 72 %)

avellanas (para decorar)

Si tienes una batidora potente, tú misma podrás preparar la harina de amaranto en el mismo momento, triturando a máxima potencia los granos del cereal en crudo. En pocos segundos tendrás una harina recién hecha, ¡lista para ser usada! Si no, puedes conseguirla en comercios especializados, como tiendas ecológicas o dietéticas.

Primero mezcla la leche de almendras con el vinagre, remueve y reserva unos minutos mientras vas preparando el resto de ingredientes.

Ve precalentando el horno a 180 °C.

En un bol echa las harinas (incluida la de algarroba), la levadura y el bicarbonato. Remueve bien y ve añadiendo el resto de ingredientes, incluida la mezcla de leche y vinagre. Mezcla muy bien hasta que no quede ningún grumo. Deja la masa en la nevera un rato para que se enfríe y sea más fácil de manipular (o en el congelador si tienes poco tiempo).

Ve cogiendo un poco de masa y dando forma a las galletas con las manos. Cuando estén, ve dejándolas en una bandeja de horno forrada con papel antiadherente. Decora con algunos trocitos de chocolate negro picado y/o algún fruto seco.

Hornea unos 17 min a 180 °C para que queden crujientes por fuera y un poco blandas por dentro. Si las dejas más rato, se pueden cocer demasiado y quedar más duras. Pero cada horno es diferente, y el tuyo puede necesitar algún minuto más o menos.

Sácalas y déjalas enfriar sobre una rejilla.

Consejo

Disfrútalas al momento justo después de enfriarse. Esa textura crujiente por fuera y medio blanda por dentro únicamente la tienen cuando están recién hechas. Cuando pasan unas cuantas horas pierden el toque crujiente de fuera.

¿Sabías que... ?

El amaranto es una pequeña semilla de origen azteca, sin gluten, con un alto valor nutritivo y muy rica en proteínas de alta calidad. Al igual que la quinoa, fue seleccionado por la NASA para formar parte de la dieta de los astronautas, tanto por su valor nutritivo como por la brevedad de su ciclo de cultivo, así como por su capacidad para crecer en condiciones adversas. Y es por ello que desde 1985 este pseudocereal empezó a cultivarse en los viajes espaciales.

MUFFINS DE ESPELTA INTEGRAL CON CÚRCUMA Y PERA

Estos muffins o magdalenas son perfectos para dar el toque dulce a tu desayuno ¡o para llevártelos y disfrutarlos a media mañana o a media tarde con tu bebida favorita, sea caliente o fría! Han sido probados y aprobados por niños, maridos, vecinas y amigos, así que seguramente... ¡triunfarán en tu casa también!

10-12 UNIDADES

2 huevos

½ T y 2 C de panela (95 g)

½ T de leche de almendras o coco (125 ml)

¼ T de aceite de coco derretido (60 ml)

3 c de levadura para hornear

1 y ½ T de harina de espelta integral (200 g)

1 c de cúrcuma molida

2 c de canela molida

1 pera mediana (¾ T a cuadraditos muy pequeños)

Topping

¼ T de copos de avena (25 g)

½ C de sirope de agave

½ C de aceite de coco derretido

¼ c de canela molida

1 pizca de cúrcuma

En un bol, echa todos los ingredientes húmedos, menos la pera. Primero los huevos, bátelos y luego ve añadiendo el resto: panela, leche y aceite. Remueve todo bien y reserva.

En otro bol, echa todos los ingredientes secos: harina, levadura y especias, y remueve bien para que se mezclen.

Incorpora la mezcla húmeda en el bol de los ingredientes secos y mezcla bien. Añade entonces la pera troceada, remueve con cuidado y rellena los moldes de los muffins hasta la mitad.

Mezcla bien los ingredientes del topping y decora los muffins con un poquito de esa mezcla. Reparte esta entre todos.

Introduce la bandeja en el horno previamente calentado y hornea a 180 °C con ventilador hasta que estén hechos (al pincharlos con una varilla esta debe de salir limpia). Dependiendo del horno tardarán más o menos, en mi caso son 20 min.

Nota

Si los muffins los van a tomar niños no suelo añadir pimienta negra a la mezcla. De lo contrario, siempre le añado un poco para potenciar y beneficiarme del efecto antiinflamatorio de la cúrcuma.

BIZCOCHO DE PLÁTANO Y CHOCOLATE VEGANO

Esta es la receta perfecta para cuando tienes plátanos muy maduros y no quieres que se te echen a perder. Es un bizcocho integral delicioso, con ingredientes tan ricos como el chocolate, la canela y la vainilla... Es también muy dulce, al prepararse con fruta muy madura, pero siempre puedes rebajar la cantidad de azúcar y adaptarlo a tu gusto. Una golosa receta de aprovechamiento... ¡que siempre da gusto preparar!

1 y ½ T (200 g) de harina de espelta integral

1 y ½ c de levadura para hornear

½ c de bicarbonato

2 plátanos bien maduros + 1 plátano maduro pero firme para la decoración de arriba

½ T de azúcar integral de caña, de coco o panela (75 g)

½ T de AOVE (125 ml)

¼ T de nueces picadas (22 g)

45 g de chocolate negro

1 C de canela molida

½ c de extracto de vainilla

En un bol machaca bien los dos plátanos bien maduros con un tenedor, hasta que se forme una especie de papilla. Añade el azúcar, remueve bien y añade también el AOVE y la vainilla. Mezcla bien y reserva.

En otro bol echa los ingredientes secos: la harina, la levadura, el bicarbonato y la canela. Revuelve bien y cuando estén, junta el contenido de los dos boles. Mezcla y añade el chocolate picadito y las nueces.

Precalienta el horno a 180 °C. Pon la mezcla en un molde de unos 18 x 10 cm, previamente forrado con papel antiadherente, pela y corta longitudinalmente por la mitad el plátano más firme y pon las dos mitades encima de la masa. Hornea durante unos 50 min o hasta que al pincharlo con una varilla esta salga limpia.

En mi web

En mi página web: *www.deliciaskitchen.com* encontrarás otro riquísimo "bizcocho de plátano con cardamomo" en versión no vegana. Ve a buscarlo, porque ya te aviso que quien lo prueba, ¡repite!

DONUTS DE AVENA

(utilizando avena certificada sin gluten)

¡Fáciles de hacer y absolutamente deliciosos! No he utilizado ningún ingrediente de origen animal ni ingredientes que contengan gluten. Y para bañarlos o untarlos te propongo dos opciones diferentes. La primera es un frosting de café, que te recomiendo que prepares descafeinado para que toda la familia pueda disfrutarlos. Y la segunda es un sencillo baño de chocolate negro y frutos secos picados.

DONUTS DE AVENA

6 UNIDADES

½ T de harina de avena (50 g)

¼ T de harina de trigo sarraceno (35 g)

2 C de cacao crudo en polvo

¼ T de panela o azúcar integral de caña (37 g)

¾ c de levadura para hornear

½ c de bicarbonato

1 plátano maduro

½ c de extracto de vainilla

1 C de aceite de coco

¼ T de leche de almendras (60 ml)

Mezcla los ingredientes secos en un bol: harinas, levadura, bicarbonato y cacao, y en otro bol mezcla los húmedos: plátano machacado, panela, vainilla, aceite y leche. Cuando todos los ingredientes estén mezclados en su bol por separado, junta los dos boles y mezcla todo muy bien.

En un molde engrasado con un poco de aceite de coco ve echando la mezcla preparada.

Hornea 12-13 min a 180 °C con ventilador. Deja enfriar totalmente, añade el frosting frío y decora con los toppings que más te gusten.

Si prefieres el baño de chocolate al frosting de café, solo tienes que derretir el chocolate al baño María junto con el aceite de coco. Luego mézclalo bien cuando esté derretido e introduce la superficie de arriba de los donuts, escurre y añade el topping que desees antes de que se seque. Déjalos en la nevera unos minutos hasta que el chocolate se endurezca.

FROSTING DE CAFÉ

½ T de anacardos (60 g)

½ T de café frío (125 ml)

3 dátiles medjoul

1 pizca de vainilla opcional

Pon en remojo los anacardos como mínimo 8 h, escúrrelos y tritúralos junto con el café y el resto de los ingredientes en una batidora pequeña y potente hasta conseguir una crema. Guárdalo en la nevera bien tapado para que se mantenga frío.

COBERTURA DE CHOCOLATE NEGRO

100 g de chocolate negro (72 % mínimo)

1 c de aceite de coco

Al baño María, derrite el chocolate junto con el aceite.

Consejo

Si tienes una procesadora de alimentos o una buena batidora, prepara tú misma en casa la harina de avena, tan solo triturando directamente los copos hasta convertirlos en un polvo fino.

Variante

Puedes prepararlos sin el cacao, simplemente blancos. Al ser el cacao amargo, y no incluirlo, con 1 C de endulzante tendrás suficiente.

BLONDIE DE GARBANZOS Y CACAHUETES CON CHOCOLATE Y CEREZAS

Cada vez que hago un dulce con legumbres me quedo fascinada con el resultado. Y lo mejor de todo es que quienes lo prueban también quedan encantados, sin ni siquiera imaginar que un ingrediente tan extraño forma parte de una receta tan rica.

En este caso y con los mismos ingredientes te propongo dos opciones. La primera es en forma de blondie, o especie de bizcocho muy compacto, tipo nuestra quesada pasiega. Y la segunda es en forma de galletas abizcochadas, muy blanditas, pero ligeramente crujientes por fuera cuando están recién hechas.

El aporte de la fruta hace que ambas opciones sean un dulce mucho más ligero, ¡sin dejar de estar delicioso! A mí me encantan las dos, el blondie, porque fresquito es irresistible, y las galletas, porque no hace falta esperar para disfrutarlas, ya que son perfectas recién hechas para acompañar un té ¡o cualquier otra bebida caliente o fría!

6 PORCIONES

1 y ½ T de garbanzos cocidos (270 g)

5 C de harina de garbanzos

½ T de mantequilla de cacahuete (120 g) (pág. 29)

⅓ T de sirope de agave crudo (80 ml)

2 C de aceite de coco derretido

2 c de extracto de vainilla

¼ c de levadura en polvo

¼ c de bicarbonato

20 o 30 g de chocolate picado

una pizca de sal

6 o 7 cerezas maduras (opcional)

Tritura todos los ingredientes (menos las cerezas) en una procesadora de alimentos. Añade la mitad de las cerezas deshuesadas y troceadas a la mezcla. Remueve y extiéndela en una bandeja forrada con papel antiadherente o untada con un poco de aceite de coco. Yo utilizo dos moldes de 10 x 10 cm y queda como ves en la foto. Decora la superficie con el resto de cerezas deshuesadas y troceadas.

Introduce la bandeja en el horno previamente calentado y hornea a 180 °C durante unos 30 min o hasta que veas que está dorado.

Deja que se enfríe e introdúcelo en la nevera para tomarlo después bien fresquito. Tiene una textura un poco blanda, tipo quesada o pudding.

Variante

Galletas abizcochadas: Si lo prefieres, con la misma mezcla también puedes hacer galletas. La masa es muy blanda y por ello tendrás que manipularla con una cuchara y darle forma con ella. La temperatura del horno debe ser la misma, pero, al ser porciones más pequeñas, el tiempo de cocción será algo menor. Permanece atenta para que no se te quemen y retíralas cuando empiecen a estar doradas. Una vez horneadas, obtendrás unas galletas deliciosas de textura blandita. ¡Tendrás unas 15 galletas abizcochadas!

Nota

Si no es época de cerezas, puedes utilizar trozos de cualquier otra fruta, o simplemente no echarle ninguna, el resultado será aún más goloso.

BARRITAS DE TRIGO SARRACENO Y BAYAS DE GOJI

Un bocado perfecto para aportar o reponer energía antes o después de cualquier esfuerzo físico. Su alto contenido en fibra y minerales, su riquísimo sabor a goji y limón y su textura crujiente, las convierte, sin duda alguna, en una de mis barritas favoritas.

6 UNIDADES

⅓ T de coquitos o nueces de Brasil (50 g)

8 dátiles medjoul

1 limón grande ecológico (solo la cáscara)

½ c de extracto de vainilla

1 c de cacao en polvo

½ T de bayas de goji ecológicas (40 g) (divididas)

½ T de trigo sarraceno crujiente (40 g) (receta más abajo)

En una procesadora de alimentos tritura las nueces de Brasil hasta convertirlas en una harina gruesa. Añade los dátiles deshuesados y vuelve a triturar hasta que quede todo mezclado. Incorpora la mitad de las bayas de goji, la cáscara de limón, la vainilla y el cacao, y vuelve a triturar unos segundos para que se mezcle todo bien.

Echa la mezcla en un bol y añade el trigo sarraceno crujiente. Mezcla con las manos para que todo quede bien integrado, añade la mitad de las bayas enteras que quedan (reserva unas cuantas para decorar) y guarda la mezcla tapada en el congelador durante unos 30 min. Luego forma las barritas con las manos y decora con las bayas restantes.

También puedes extender la mezcla en un molde rectangular de unos 9 o 10 cm de base presionándola bien. Decora con las bayas restantes y guárdala en el congelador durante el mismo tiempo. Saca luego el bloque medio congelado y corta las barritas.

Si no las consumes en el momento guárdalas en un recipiente cerrado en la nevera. Duran una semana en perfecto estado.

TRIGO SARRACENO CRUJIENTE

½ T de trigo sarraceno crudo (45 g)

agua (para remojarlo)

La noche anterior pon el trigo sarraceno en remojo y déjalo como mínimo 8 h. Al día siguiente escúrrelo, lávalo con un colador y extiéndelo en una bandeja de horno.

Introduce la bandeja en el horno precalentado a 125 °C y hornea a esa temperatura con ventilador. Pasados 15 min, remuévelo un poco y continúa horneando otros 15 min. Una vez que se enfríe lo tendrás ya listo para ser utilizado.

Cada horno es diferente, y puede que en el tuyo los tiempos sean algo distintos. Por lo que fíjate bien en que quede crujiente sin llegar a quemarse.

Notas

- Es importante que el limón sea ecológico ya que vamos a utilizar toda su piel, que es precisamente donde más se acumulan los pesticidas que se utilizan en los cultivos convencionales.
- El trigo sarraceno puedes hacerlo crujiente sin ningún sabor, para utilizarlo donde quieras como en esta receta, o añadirle sirope y canela, o vainilla y cacao, y obtener un topping dulce y crujiente para añadir a tus smoothie bowls u otras elaboraciones dulces.

BARRITAS DE ARROZ HINCHADO Y CACAHUETES

Cuando prepares estas barritas, verás que son muchísimo más sencillas y rápidas de preparar de lo que te imaginas. Con solo 4 ingredientes y en tan solo unos pocos minutos las tendrás listas. ¡Y te advierto que son muy, pero que muy golosas!

1 T de arroz hinchado (33 g)

¼ T de sirope de arroz (60 ml)

1 C de mantequilla de cacahuete (pág. 29)

1 puñado de cacahuetes tostados, pelados y picados (20 g)

Calienta el sirope en un cazo a fuego medio hasta que se formen burbujas. Incorpora la mantequilla de cacahuete y remueve muy bien hasta que se disuelva.

Apaga el fuego, echa el cereal hinchado, remueve bien y añade los cacahuetes picados hasta que todo se integre bien.

Distribuye la mezcla en un molde rectangular de unos 10 x 20 cm, o dos de 10 x 10 cm, si quieres darles una forma rectangular, y aplástala bien mientras esté caliente para que todo quede uniforme. Deja enfriar. En pocos minutos ya estará el bloque frío y lo podrás cortar en 6 barritas.

Notas

- Puedes utilizar el cereal que más te guste, yo prefiero el arroz porque queda un poco más crujiente que los demás.
- Si prefieres otra forma, puedes utilizar un molde de cortar galletas redondo o de la forma que prefieras, y una vez aplastada la mezcla ir cortándola con dicho molde.

GRANOLA DE CHOCOLATE, COCO Y VAINILLA

(utilizando avena certificada sin gluten)

Dos granolas y una crema de cacao y avellanas que podrían estar en el capítulo de *Básicos*, pero que he preferido incluir en este para que todas las recetas que tienen relación con el desayuno o la merienda estén juntas. Es importante hornear las granolas a temperatura no muy alta, para que los sabores de los ingredientes permanezcan y se aprecien. A temperaturas altas, se pueden quemar fácilmente y su sabor no es tan agradable.

1 T de copos de avena gruesos (100 g)

½ T de coco laminado (45 g)

¼ T de sirope de arroz (60 ml)

2 C de aceite de coco

1 c de vainilla líquida

¼ T de almendras crudas (35 g)

1 C de cacao crudo

2 C de semillas de sésamo negro

20 g de chocolate negro (mínimo 72 %)

Trocea las almendras con un cuchillo y echa todos los ingredientes en un bol, menos el chocolate y las pasas, si las utilizas. Mezcla y échalo todo sobre una bandeja de horno forrada con papel antiadherente. Extiende todo bien.

Introduce la bandeja en el horno, precalentado a 160 °C, y hornea durante 20 min con ventilador.

Saca del horno, deja que se enfríe del todo y añade el chocolate bien picado en trocitos. No lo eches mientras está caliente porque se deshará.

Guarda la granola en un tarro hermético una vez se enfríe, para que se mantenga bien crujiente.

GRANOLA DE CÚRCUMA

(utilizando avena certificada sin gluten)

Con esta rica preparación obtendrás los beneficios de la cúrcuma, un ingrediente que a mí me gusta incluir siempre que puedo y la receta me lo permite. En esta mezcla queda estupenda, solo ten en cuenta que para aprovechar mejor sus propiedades hay que tomarla con pimienta, que yo incluyo, pero que quizá si la van a tomar niños pequeños, ese toque un tanto picante, les puede molestar.

1 plátano maduro

1 T de copos de avena gruesos (100 g)

3 C de sirope de arroz

1 C de aceite de coco

¾ c de cúrcuma en polvo

¼ c de pimienta negra molida

1 c de canela molida

1 puñado de almendras crudas o el fruto seco que más te guste (15-20 g)

2 C de pasas rubias

En un bol grande, aplasta el plátano con un tenedor hasta que se forme una especie de papilla. Añade al bol el resto de ingredientes, menos las pasas, y mezcla todo bien.

Echa la mezcla en una bandeja de horno protegida con papel antiadherente, espárcela para que ocupe toda la bandeja y se hornee toda por igual, y mete la bandeja en el horno previamente calentado a 150 °C. Hornea a esa temperatura durante unos 30-35 min con ventilador.

Saca la bandeja y deja que se enfríe del todo para que quede crujiente. Sepárala, añade las pasas y guárdala en un tarro hermético a temperatura ambiente.

Cada horno se comporta de manera diferente, si al enfriarse ves que hay trozos que no han quedado crujientes, mételos unos minutos más en el horno y repite la operación. La próxima vez podrás calcular mejor cuántos minutos exactos necesita tu horno.

Nota

Si no te gusta añadir endulzantes puede que con el dulzor del plátano maduro tengas suficiente. Pero en este caso, además de dulzor, el sirope de arroz hace que los ingredientes de la granola se peguen entre sí y luego quede más crujiente.

En mi web

Estas son las dos granolas que he utilizado en algunas de las recetas de este libro, pero quiero contarte que una de mis superfavoritas la tengo publicada en mi web. Se trata de una granola de quinoa en grano, con sabor a naranja, que mucha gente ha preparado ya, y a todo el mundo le ha encantado. En serio, tienes que hacerla al menos una vez, busca "granola de quinoa y naranja" en *www.deliciaskitchen.com* ¡y verás qué fácil y rica!

CREMA DE CACAO, AVELLANAS Y MACA O NUTELLA SALUDABLE

A estas alturas ya existen muchas recetas para elaborar la crema de cacao y avellanas o nutella casera en versión saludable. Y yo no me quería quedar sin compartir la mía, la que llevo preparando los últimos años, y de la que nunca falta un bote en mi nevera, porque ¡no podemos vivir sin ella! En sus conocidas versiones industriales, estas cremas están elaboradas con muchísimo azúcar blanco o refinado, con una cantidad nada despreciable de aceite de palma y con muy poquito de lo que en realidad debe contener: cacao y avellanas. En cambio, en mi versión, y en la de la mayoría de versiones caseras y saludables, la cantidad de avellanas es la mayor parte del total de ingredientes y el resto son integrales o no refinados y, por lo tanto, con interesantes características nutricionales. Yo añado también maca, un superalimento que le aporta un toque diferente, y la fantástica vainilla, algo que hace que todos los dulces sean un poco más especiales.

PARA 1 TARRO DE 500 G

2 T de avellanas crudas (280 g)

½ T de azúcar de coco (75 g)

1 c de extracto de vainilla

1 C de maca

4 C de cacao crudo

150 ml de agua

Pon las avellanas crudas peladas en una bandeja de horno, precalienta este a 180 °C y hornéalas durante unos 10 min o hasta que veas que se empiezan a tostar. ¡Con mucho cuidado de que no se quemen!

Deja que se enfríen y tritúralas en la procesadora de alimentos, sin ningún otro ingrediente hasta que su textura se vuelva una crema líquida (tardará unos minutos).

Añade a la procesadora el azúcar, mientras continúa triturando, y en unos 30 segundos añade el resto de ingredientes y continúa triturando unos segundos más hasta que veas que todos los ingredientes están bien integrados y se ha formado una crema fina.

Echa la mezcla en un tarro, tápalo bien y guárdalo en la nevera para ir consumiéndolo.

Dura casi un mes en la nevera, siempre que se mantenga bien cerrada.

BEBIDAS Y LATTES

BATIDO DE MELÓN Y KALE

¡Un batido de verano, muy rico y muy refrescante! Es una merienda perfecta para los días de calor y una buena manera de que los niños, y no tan niños, tomen más fruta y vegetales.
Si te estás preguntado si está bueno de verdad, ¡te adelanto que sí! No tengas miedo de probarlo, el sabor de la kale ni se nota... ¡y solo sabe a melón y menta!

PARA 2 PERSONAS

1 T de kale troceada (18 g)

3 T de melón troceado (480 g)

2 nueces de Brasil

1 puñadito de hojas de menta (unas 5 o 6)

gotas de limón al gusto (opcional)

Nota

Si para tu gusto queda denso, puedes añadirle un chorrito de leche vegetal o agua.

¿Sabías que... ?

Las nueces de Brasil, o coquitos brasileños, son un alimento muy rico en antioxidantes gracias a su alto contenido en selenio y en vitamina E. Además, es el fruto seco más rico en magnesio que existe, un mineral esencial para muchas de las reacciones bioquímicas que se producen en el cuerpo.

Echa todos los ingredientes en una batidora potente y tritura muy bien hasta conseguir una textura fina y sedosa.

Servir bien frío con hielo.

CHÍA FRESCA DE SANDÍA CON MENTA O JENGIBRE

La chía fresca o agua fresca de chía, es una bebida muy refrescante y saciante que se elabora con las semillas de chía, agua, limón y azúcar. Yo la preparo con sandía para no tener que añadirle ningún endulzante extra, y la aromatizo unas veces con menta y otras veces con jengibre, para ir variando ligeramente su sabor.
Es una preparación muy sencilla ¡y en verano se agradece un montón encontrar una jarra de agua de chía bien fría en la nevera!

PARA 2 PERSONAS

2 T de sandía cortada en daditos (320 g)

1 C de zumo de limón

½ limón rallado (solo la cáscara)

1 T de agua (250 ml)

2 o 3 hojas de menta

2 C de semillas de chía

En una batidora potente, bate todos los ingredientes, menos las semillas de chía, hasta que todo esté bien triturado. Cuela la mezcla.

Ponla en una jarra y añádele las semillas de chía. Mezcla muy bien y déjala en la nevera como mínimo 1 h.

Sirve con hielo y con rodajas de limón y/o más hojas de menta. Con el dulzor de la sandía queda una bebida ligeramente dulce y perfecta para refrescarte. Pero si la quieres más dulce, puedes añadirle más endulzante a tu gusto.

Variante

Puedes sustituir la menta por jengibre fresco al gusto.

BANOFFEE DE CAFÉ EN SMOOTHIE

¡Un postre hecho batido! ¡Ni te imaginas lo que te va a gustar esta combinación cuando la pruebes! Si te gustan los dulces con sabor a café y a plátano, este delicioso batido ¡te va a entusiasmar!

El banoffee es una tarta típica inglesa elaborada con plátanos, caramelo, galletas y nata, y a partir de ahí hay versiones con café, cacao, etc. En casa todos se vuelven locos cuando preparo este batido, porque tiene la mezcla de todos esos sabores, pero en versión saludable ¡sin ningún tipo de azúcar ni endulzante añadido!

1 RACIÓN BASTANTE GRANDE O 2 PEQUEÑAS

Para el batido:

4 dátiles medjoul

1 T de café (250 ml)

½ T de anacardos (60 g)

1 c de cacao crudo en polvo

1 c de extracto de vainilla

1 plátano maduro

½ T de agua (125 ml)

1 o 2 C de nata de coco ligera (pág. 25)

Para decorar el vaso con chocolate (opcional)

10 o 20 g de chocolate negro (70-80 % mínimo)

¼ c de aceite de coco

Echa todos los ingredientes en una batidora potente menos el chocolate y el aceite, y bátelo todo muy bien hasta conseguir una textura sedosa. Ponlo en la nevera, o en el congelador si lo quieres consumir en breve, y, mientras, ve preparando el chocolate y la nata, si los vas a añadir.

En un cazo pon el chocolate desmenuzado y la pizca de aceite, y, con la temperatura al mínimo, ve removiendo hasta que el chocolate se empiece a deshacer. Con una cucharilla ve echándolo por las paredes del vaso. Mételo en el congelador para que solidifique en pocos minutos.

Cuando esté listo, añade el smoothie bien frío y termina con un poco de nata de coco y cacao en polvo por encima.

Notas

- Para poder tomarlo a cualquier hora y que no te quite el sueño, no olvides utilizar café descafeinado.
- Si no puedes o no quieres tomar café, sustitúyelo por café de cereales. No será lo mismo, pero le aportará un sabor y aroma parecidos.

PINK LATTE O LATTE DE REMOLACHA

Esta bebida caliente te va a sorprender, tanto por su color como por su sabor.
La combinación de la leche de almendras con la remolacha y la canela es pura delicia. La preparo solamente con ingredientes naturales: frutos secos, hortalizas, especias... ¡y nada más! ¡Sin azúcares añadidos!
Yo la disfruto muchísimo cuando hace frío y quiero tomar algo dulzón que me reconforte y además me aporte nutrientes de calidad. ¡Este es mi segundo latte favorito!... ¿El primero? Continúa leyendo...

PARA 2 PERSONAS

¼ T de remolacha cruda y pelada cortada en daditos (25 g)

2 T de leche de almendras (500 ml) y ⅓ T más al final (80 ml) (para hacer la espuma)

2 dátiles medjoul bien jugosos

¼ c de canela molida (y más para espolvorear por encima)

1 pizca de vainilla (opcional)

Deshuesa los dátiles, ponlos en el vaso de la batidora junto con la remolacha, las 2 T de leche, la canela y la pizca de vainilla, si la utilizas. Bátelo todo muy bien y cuélalo. Reserva.

Ahora haz la espuma. Pon en un cazo la ⅓ T de leche de almendras restante y caliéntala un poco. Échala en un vaso aparte y bátela con un batidor pequeño para espuma (si el latte no fuese dulce, podríamos añadir algo de endulzante, pero en este caso no es necesario). Reserva.

En el mismo cazo, echa la mezcla batida y colada de la remolacha y calienta unos segundos hasta conseguir la temperatura deseada.

Échala en dos tazas, añade encima la espuma de la leche de almendras y decora con canela en polvo.

Nota

Si los dátiles no están muy jugosos, déjalos un ratito antes remojándose en la leche que vas a utilizar, para que se reblandezcan.

¿Sabías que... ?

Los dátiles son un alimento natural que aporta mucha energía. Son ideales para que los músculos rindan más y para reponer fuerzas después de un gran esfuerzo. Pero, además, son un gran alimento para el cerebro, ya que ayudan a incrementar la concentración y la capacidad mental.

CHOCO-LATTE PARA EL "COCO"

Esta es la bebida chocolateada que se toma mi hijo todas las mañanas cuando está en época de exámenes. Y es que las propiedades de las nueces, combinadas con las del resto de ingredientes, la convierten en una bebida muy interesante para el desarrollo físico y mental de niños y jóvenes, mejorando el rendimiento intelectual de los estudiantes.

PARA 1 PERSONA

1 T de leche de nueces (250 ml) (pág. 24)

1 C de cacao crudo en polvo

¼ c de extracto de vainilla

1 C de sirope de agave crudo o de arce

½ c de maca

½ c de algarroba en polvo

Nota

Puedes incluir medio plátano maduro. El sabor será diferente, pero muy rico también. Quizá tu hijo lo prefiera, y de esa manera añadir menos endulzante a la receta.

Dato nutricional

Las nueces son muy ricas en alfa-linolénico (omega-3 vegetal), además de contener proteínas, vitaminas del grupo B y vitamina E, lecitina y minerales como el calcio, el fósforo y el magnesio.

La maca tiene un alto contenido en hierro, fortalece el organismo y aumenta la capacidad de aprendizaje.

Echa todos los ingredientes en un vaso y solo un chorrito de la leche para poder mezclarlo todo bien con una cucharita y que no queden grumos. Ve echando el resto de la leche y removiendo hasta que todo esté bien integrado.

Sirve frío en verano, y a temperatura ambiente o un poco templado en invierno.

Y 3 LATTES MÁS: CHAI, MATCHA Y CÚRCUMA

Estos tres lattes, junto con el de remolacha, son las bebidas calientes que me acompañan cada invierno desde hace un tiempo. Yo soy muy de bebidas calentitas, ¡las adoro! Y por eso, tener un buen surtido de ellas para elegir, dependiendo del momento en el que me encuentre, es algo imprescindible cuando empieza a hacer frío.

¡Me encantan todos! Pero no todos los puedo tomar cuando me apetecen, porque el contenido en teína del té verde matcha y del té negro del chai, hacen que no pegue ojo en toda la noche si me las preparo después de las 5 p. m. ¡Así que tenlo en cuenta tú también, si eres tan sensible como yo!

Esta es la razón de que mi latte favorito sea el de cúrcuma. Primero, por sus propiedades y porque me enamoré de su sabor nada más probarlo, y, segundo, porque lo puedo tomar en cualquier momento del día. Es tan delicado y tiene un sabor tan rico y suave, que me hace sentir genial en cada sorbo. ¡Además, es una fantástica manera de incluir en nuestra dieta este maravilloso y poderoso ingrediente!

CHAI LATTE

PARA 2 PERSONAS

3 vainas de cardamomo

1 rama de canela

2 clavos

2 granos de pimienta

1 anís estrellado

1 rodaja de jengibre fresco

150 ml de agua

2 C de té negro

350 ml de leche de almendras

3 o 4 c de azúcar integral de caña o de coco al gusto

En una olla pequeña echa la rama de canela y el resto de especias (excepto el jengibre) y tuéstalo todo a fuego medio durante 1 o 2 min. Añade entonces el agua (que hervirá al momento) y añade también el jengibre y el té. Deja cocer a fuego bajo durante 1 min. Apaga el fuego, tapa y deja reposar 5 min.

Incorpora el azúcar, remueve bien, añade la leche y caliéntalo todo a fuego suave hasta que alcance la temperatura deseada.

Cuélalo y reparte el contenido en dos tazas.

En verano puedes tomarlo bien frío.

MATCHA LATTE

PARA 1 PERSONA

1 T de leche de almendras casera (250 ml) (pág. 24) o la que más te guste

1 c de té matcha

1 c de azúcar de coco o sirope

1 pizca de extracto de vainilla

Pon la leche a calentar en un cazo, y, cuando ya esté caliente, separa 1 C, ponla en un cuenco o taza y mezcla bien la cucharadita de té en ella hasta que no queden grumos.

Añade el azúcar y la vainilla al cazo de la leche caliente y remueve hasta que se disuelva.

Añade el resto de leche caliente al cuenco o taza, mezcla bien y sirve caliente.

Nota

En verano puedes hacer lo mismo pero sirviendo la bebida bien fría con hielo. También puedes congelar la leche en cubitos y luego triturarlos para convertirlo en una especie de granizado.

CÚRCUMA LATTE

PARA 1 PERSONA

1 T de leche de almendras casera (250 ml) (pág. 24)

1 c de cúrcuma en polvo

1 pizca de pimienta negra molida

1 c de sirope de arroz (o el endulzante que prefieras)

½ c de aceite de coco

Ingredientes opcionales para ir variando

¼ c de canela molida

1 pizca de jengibre

1 pizca de cardamomo molido

Calienta la leche en un cazo (intenta no sobrecalentarla para no alterar los aceites naturales del fruto seco). Retira del fuego, añade la cúrcuma y la pimienta y remueve bien.

Añade el endulzante y el aceite de coco. Remueve y sirve caliente.

Notas

- Para preparar la espuma de encima, echa un vistazo a la receta del latte de remolacha (pág. 247). Las cantidades para las recetas de todos los lattes de este capítulo son para una persona, menos la del té chai, la razón es que se necesita más cantidad de líquido para poder infusionar bien las especias y el té.

En mi web

Hay otra bebida caliente que nunca falta en mis inviernos y que no puedo dejar de recomendarte. Es mi "chocolate caliente o a la taza saludable", una bebida deliciosa y terapéutica que te aportará nutrientes mientras te cuidas y te mimas con su riquísimo sabor. Búscala en *www.deliciaskitchen.com*.

SOBRE MÍ

Crecí en un pequeño pueblo del Penedès, rodeada de viñedos, huertos y naturaleza. Y aunque mis padres no tenían campos, ni trabajaban en ellos, desde pequeña me enseñaron a reconocer árboles frutales, hierbas comestibles y a amar la montaña. Con ese entorno no es difícil adivinar de dónde viene mi pasión por las frutas, los vegetales y todo lo natural.

Con los años y después de vivir fuera y disfrutar con los sabores exóticos de otras culturas, empecé a experimentar en la cocina y a leer libros sobre nutrición y alimentación, especialmente como esta repercute en nuestra salud y cómo los alimentos pueden ayudarnos a sentirnos mejor. Fue entonces cuando decidí seguir una dieta básicamente vegetariana y cursar "Dietética Naturista y Oriental" para ampliar conocimientos.

Desde entonces he realizado diferentes cursos de cocina vegana, crudivegana y macrobiótica, para tener más recursos e inspirar con mis platos a todo aquel que quiera empezar a alimentarse mejor.

Así encontré mi pasión, y actualmente me dedico a la fotografía culinaria y a crear recetas saludables para mi web y marcas comerciales, además de colaborar habitualmente en diferentes revistas del sector.

www.deliciaskitchen.com
@deliciaskitchen

GRACIAS

A mi marido y a mi hijo. A Alberto, por estar siempre a mi lado, ayudándome cuando lo necesito y por aportarme siempre tanto. A Gael por dejarme fotografiar sus bonitas manos al presentar algunas de las recetas. Parte de este sueño es suyo por apoyarme en todo lo que hago y por degustar una y otra vez mis recetas. Sin su ayuda nunca hubiese podido escribir este libro.

A Gabriel por haberme ayudado con sus consejos y experiencia en tantos detalles de este libro... Por su enorme paciencia y por estar ahí siempre que lo he necesitado.

A Mareva porque pese a las dificultades que ha tenido este año, ha dedicado parte de su valioso tiempo a leer y revisar este libro y regalarme el bonito prólogo que lo acompaña.

A Núria, Maria, Mariella, Anna, Audra, Ana y Belén por aportarme su valiosa opinión cuando se la he pedido.

A Simona por proponerme hacer este libro, y también por su paciencia infinita y confiar en mí y en todas las decisiones y cambios que he ido haciendo durante todo el proceso.

A tí, por tener este libro entre tus manos y a todas las personas que me siguen y apoyan a través de la web y de mi cuenta de Instagram @deliciaskitchen, porque sin ellas este sueño no hubiese sido posible.

ÍNDICE

RECETAS

BÁSICOS

APERITIVOS Y ENTRANTES

ENSALADAS

SOPAS Y CREMAS

PLATOS PRINCIPALES

BOLES Y PLATOS COMBINADOS

POSTRES Y HELADOS

DESAYUNOS Y MERIENDAS

BEBIDAS Y LATTES

Apreciado "Lector Macro",

este libro publicado en la colección **Cocinar Naturalmente** es para ti
... que quieres practicar una cocina sana y natural
... que buscas ideas para preparar recetas sabrosas, saludables y equilibradas
... que prefieres utilizar alimentos de temporada de producción local y ecológica
... que quieres contribuir a conservar y valorizar el medio ambiente.

¡Descubre todas las novedades Macro!

El **Gruppo Editoriale Macro**, activo en Italia desde 1987, ha impreso y difundido muchos millones de copias de los 1.500 títulos publicados. Entre los más famosos: ***The China Study*** de T. Colin Campbell, ***The Secret*** de Rhonda Byrne, ***La Biología delle Credenze*** de Bruce Lipton, ***The Miracle Morning*** de Hal Elrod.

Macro Ediciones, activa en el mercado español de todo el mundo desde 2017, ha publicado un catálogo internacional de más de 90 títulos. Entre los más famosos: ***El ABC del Yoga para niños*** de Teresa Power, ***El reloj de los órganos*** de Li Wu, ***Tus leches vegetales caseras*** de Itziar Aranburuzabala, ***Delicias Kitchen*** de Isa Gil, ***Green Mama*** de Alina Topala.

En **nuestro catálogo** encontrarás **libros**, **productos digitales** y **webinars** sobre los temas más recientes y actuales: alimentación natural, autosuficiencia y autoproducción, espiritualidad, nuevas ciencias, crecimiento personal, bienestar de cuerpo-mente-espíritu, medicina holística, yoga y técnicas corporales, mejora de la visión, salud de los animales, recetas saludables, libros de yoga para niños e infantiles, etc. Estos y muchos más son los **temas que Macro promueve desde 1987** y que quisiéramos compartir contigo.

Si quieres recibir información
acerca de las novedades editoriales Macro
apúntate a nuestra **newsletter**

bit.ly/macroediciones-newsletter

Ficha bibliográfica
Isa Gil
Delicias Kitchen
Macro Ediciones, Cesena (IT) 2022
256 págs.; 17x24 cm
(Cocinar Naturalmente)
ISBN 9788417080419